# 주머니 얇은 직장인의 다국어 학습법

영어, 일본어, 스페인어를 익힌 알뜰한 방법

# 주머니 얇은 직장인의 다국어 학습법

정인재 지음

한국학술정보

# 프롤로그

"언어의 한계는 곧 세상의 한계다."

비트겐슈타인의 이 말은 내가 새로운 언어를 배울 때마다 되새기는 문장이다. 한국어, 영어, 일본어, 스페인어로 소통하며 살아가는 나는 10년 차 초등교사이자, 서른두 살이 넘어 본격적으로 언어 공부를 시작한 늦깎이 학습자다.

많은 사람들이 외국어를 배우고 싶어 하지만 "이제 시작하기엔 늦지 않았을까?"라는 생각에 멈춰 서곤 한다. 나 역시 같은 고민을 했다. 그러나 막상 시작해 보니 언어는 단순히 의사소통의 도구가 아니라, 세상을 새롭게 바라보게 하는 또 하나의 렌즈였다. 그리고 이 렌즈는 특별한 재능이나 해외 경험이 아니라, 일상의 작은 틈을 붙잡는 꾸준함 속에서 조금씩 닦여갔다.

나는 유학도, 어학연수도, 외국 생활 경험도 없다. 외국어고 출신도 아니다. 토종 100% 한국인이다. 그런데도 작은 습관들이 내 삶을 바꾸었다. 집과 학교를 오가는 지하철, 친구를 기다리는 짧은 시간, 잠들기 전의 몇 분을 공부로 채우자, 하루가 달라졌다. 손에 쥔 휴대폰 화면이 교재가 되었고, 지하철 손잡이 옆이 교실이 되었다. 포스트잇에 적힌 단어 하나, 유튜브 알고리즘이 우연히 보여준 영상 하나가 나를 새로운 세상으로 데려갔다. 거창한 투자가 아니라, 일상의 자투리를 붙잡는 것만으로도 인생이 한 단계 확장될 수 있음을 직접 경험했다.

생각해 보면 우리는 이미 한 언어를 완벽히 배운 경험이 있다. 처음에는 한마디도 못 하던 아기가 수없이 틀리고 반복하며 결국 말을 배우듯, 우리 모두 언어 학습의 힘을 몸으로 증명한 존재다. 그렇다면 다른 언어라고 못 배울 이유는 없다. 늦게 시작해도 괜찮다. 중요한 건 계속 이어가는 것이다.

이 책은 그런 믿음을 담아, 내가 어떻게 4개 국어를 익혔는지를 기록한 여정이다. 해외 경험이 없어도, 학원에 다니지 않아도, 직장인도 꾸준히만 한다면 언어는 자기 것이 될 수 있다. 이 글이 외국어 앞에서 주저하는 이들에게 작은 용기와 알뜰한 공부법을 전하는 초대장이 되길 바란다.

# 추천사

오늘날 국제사회는 그 어느 때보다 긴밀히 연결되어 있으며, 일면식도 없던 사람과 친구가 될 수 있는 다양한 형태의 교류가 늘어나고 있습니다. 그리고 언어 구사 능력은 그 중심에 자리하고 있습니다. 인공지능과 번역 기술이 발전했음에도 불구하고, 직접 언어를 익히고 상대의 언어로 소통하는 행위는 단순한 대화 이상의 의미를 지닙니다. 그것은 곧 존중과 신뢰를 쌓는 가장 확실한 길이며, 새로운 기회의 문을 여는 열쇠이기도 합니다.

이 책은 단순한 언어 학습 안내서가 아니라, 저자가 실제 경험을 통해 얻은 통찰과 성실한 노력이 집약된 귀중한 기록입니다. 저자는 ACE(국제교육협력-공동수업 프로그램), APEX(디지털 파견 연수), AC(알쿱 활동 공유 컨퍼런스), AFEF(APEC 역내 교육 전문가 초청 포럼) 등 다양한 국제교육 프로그램에 적극적으로 참여했습니다. 이때 교류 상대의 언어를 익혀옴으로써 교류의 효과를 극대화한 저자의 여정은, 언어 학습이 곧 세계와의 소통이며 더 나아가 상호 이해의 기반임을 분명히 보여줍니다.

새로운 언어에 도전하는 모든 이들에게, 이 책은 든든한 길잡이가 될 것입니다. 언어는 단순한 의사소통의 수단을 넘어 문화와 가치를 공유하는 다리이자, 더 넓은 세계로 나아가게 하는 힘입니다. 저는 이 책이 독자 여러분의 여정에 깊은 울림과 실질적인 영감을 줄 것이라 확신합니다. 새로운 언어 학습의 도전과 기쁨을 받아들이려는 모든 독자들에게 이 책을 진심으로 추천합니다.

박동선<br>APEC국제교육협력원 이사장<br>前 주핀란드 대사

하루 30분 운동, 다이어트와 함께 외국어 공부는 학교를 졸업하고 직장생활을 하는 직장인들의 새해 목표에 빠지지 않은 리스트입니다. 그리고 서점을 가면 외국어 학습법을 소개하는 책들이 넘쳐납니다. 이들은 책에서 알

려 준 방법만 따라 하면 누구나 일상회화 정도의 외국어를 구사할 수 있다고 말합니다. 하지만 현실은 항상 좌절입니다. 저의 경우에도 다르지 않았습니다.

'주머니 얇은 직장인의 다국어 학습법'은 외국어 공부에 꽃길만 있다고 말하지 않습니다. 교재에서 틀어주는 외국어는 친절하지만 현실에서는 사악한 속도와 발음이라고 얘기합니다. 이 책이 특별한 이유는 바로 여기에 있습니다. 책에서는 이런 사악한 현실에 어떻게 적응할 수 있는지, 바쁜 직장생활에서 어떻게 외국어 공부 루틴을 만드는지, 외국어 공부에 AI를 어떻게 활용하는지를 초등학교 선생님이 교실에서 설명해 주듯이 상세하게 알려줍니다.

미국 동남부지역에서 한국어에 관심이 있는 미국 학생과 성인들에게 그들에게는 외국어인 한국어강좌를 제공하고 있는 애틀랜타한국교육원에서 일하고 있는 제게 이 책은 많은 인사이트를 주었습니다. 미국에서 '한국어'라는 외국어를 배우고 있는 저희 학생들에게도 꼭 추천하고 싶은 책입니다.

외국어 공부를 시작하려는 분, 저같이 외국어 공부에 수차례 좌절했지만 여전히 마음속 깊이 미련이 남아있는 분들께 이 책을 진심으로 추천합니다.

최흥윤
한국애틀랜타 교육원 원장

『주머니 얇은 직장인의 다국어 학습법』은 언어라는 문을 여는 데 있어, 가장 현실적인 열쇠를 건네는 책입니다. 바쁜 일상 속에서도, 비용의 부담 없이, 누구나 새로운 언어로 새로운 세계와 연결될 수 있다는 가능성을 조용히, 그러나 단단하게 일깨워줍니다.

이 책이 특별한 이유는, 저자가 단지 방법을 설명하는 데 그치지 않고, 교육 현장에서 직접 부딪히며 얻은 통찰을 담아냈기 때문입니다. 초등학교 교사로서의 섬세한 시선, AI 교육에 대한 깊은 관심과 전문성, 그리고 끊임없이 배우고 실천하는 태도는 이 책 곳곳에 따뜻한 울림을 남깁니다.

HRD를 담당하며 기술과 교육의 접점을 고민해온 제게도, 이 책은 단순한 학습서가 아닌 '성장에 대한 응원'으로 다가왔습니다. 저 또한 이 책을 읽고, 오래전 접어두었던 중국어의 꿈을 다시 펼쳐보려 합니다.

배움 앞에서 주저하는 모든 이들에게, 그리고 교육의 현장에서 묵묵히 길을 밝히는 저자에게, 깊은 응원의 마음을 담아 이 책을 추천 드립니다.

진영심
KT그룹 인재개발실장(상무)

유학이나 어학연수 없이, 서른 살 늦깎이로 일본어와 스페인어를 동시에 익힌 저자의 여정을 진솔하게 담은 이 책은 '이 나이에 외국어 공부가 될까?' 혹은 'AI가 통역과 번역을 다 해주는 시대에 굳이 외국어 공부를?'이라고 생각하는 모든 사람들을 위해 언어학, 뇌과학, 심리학 등에 기초를 둔 현실적이고 구체적인 해답지입니다.

이 책을 읽는 동안 제가 스물여섯 살 때 처음으로 일본어에 도전해서 대학에서 일본어를 가르쳤던 일, 응용언어학과 이론언어학을 공부하며 느꼈던 외국어 교수법에 대한 저의 생각을 되돌아 보고 새로운 깨달음도 얻는 소중한 경험을 했습니다.

저자는 출퇴근길의 지하철 안에서, 화장실에서, 피곤한 하루의 끝 잠들기 전 침대 옆에서의 자투리 시간을 일상으로 만들어 외국어를 자신의 것으로 만들어 갔습니다. "조금씩, 그러나 멈추지 말자"라는 삶의 자세로 손에 쥔 휴대폰이 교재가 되고 세상이 교실이 되는 순간들을 만들어 새로운 외국어를 배우는 동시에 자신도 단단히 세워 갔던 것입니다.

AI가 통역과 번역을 대신하는 시대에, 저자는 묻습니다. "그래도 우리는 왜 외국어를 배워야 할까?" 그 질문에 대한 대답이 바로 이 책 속에 있습니다. 외국어 학습은 단순한 표현의 암기가 아니라, 그 언어의 문화, 역사, 사고방식을 이해할 수 있는 귀중한 도구이기 때문입니다.

『주머니 얇은 직장인의 다국어 학습법』은 외국어 공부를 넘어, 꾸준함과 진심으로 삶을 확장해 나가는 사람의 기록입니다. 이 책은 우리에게 조용히 속삭입니다. "지금이라도 괜찮아요. 당신의 속도로, 당신의 꿈을 펼쳐봐요."

김용택
조지아공과대학 한국어 및 언어학 담당 부교수

『주머니 얇은 직장인의 다국어 학습법』은 누구나 언어의 벽을 넘어 세계와 연결될 수 있다는 희망을 전하는 책입니다. 저자는 서울시교육청 국제공동수업을 담당하며 다양한 나라의 교사 · 학생들과 직접 교류한 경험을 바탕으로, 언어가 단순한 의사소통 수단을 넘어 상호 이해와 협력의 핵심이라는 사실을 보여주었습니다. 영어, 일본어, 스페인어까지 스스로 익히며 그 힘을 증명해 낸 저자의 여정이 이 책 속에 고스란히 담겨 있습니다.

이 책이 특별한 이유는, 저자가 단지 방법을 설명하는 데 그치지 않고, 교육 현장에서 직접 부딪히며 얻은 통찰을 담아냈기 때문입니다. 초등학교 교사로서의 섬세한 시선, AI 교육에 대한 깊은 관심과 전문성, 그리고 끊임없이 배우고 실천하는 태도는 이 책 곳곳에 따뜻한 울림을 남깁니다.

국제협력팀장으로서 함께 현장을 지켜본 저는, 저자의 꾸준한 배움과 실천이 교육 현장을 어떻게 변화시키는지 잘 알고 있습니다. 이 책은 학원이나 유학에 의존하지 않고도 일상 속 습관과 도구를 통해 다국어를 익힐 수 있는 길을 친절하게 안내합니다. 바쁜 직장인, 새로운 언어에 도전하고 싶은 학생, 그리고 세계와 소통하기를 원하는 모든 분께 이 책을 자신 있게 권합니다.

한경옥
서울시교육청 교육협력담당관

영국과 스페인에서 20여 년간 학업과 육아, 교직 활동을 병행하면서, 언어는 단순한 의사소통의 수단을 넘어 세계를 여는 열쇠임을 깊이 깨달았습니다. 언어가 통하는 순간, 문화와 사람들의 마음이 비로소 다가왔습니다. 이러한 경험을 바탕으로, 해외 연수나 특별한 배경 없이도 '주머니 얇은 직장인'으로서 서른이 넘은 나이에 외국어 학습을 시작한 저자의 도전은 더욱 특별한 의미를 지닙니다. 많은 이들이 늦었다고 주저하는 시점에 꾸준한 실천으로 성취를 이룬 그의 여정은 독자에게 깊은 울림과 동기를 전합니다. 이 책은 단순한 학습 지침서를 넘어, 외국어 학습이 삶을 확장하는 구체적이고 현실적인 길이 될 수 있음을 보여주며, 늦은 시작이 오히려 더 단단한 성장을 가능하게 함을 증명합니다. 바쁜 일상 속에서도 새로운 가능성을 모색하고자 하는 모든 이들에게 든든한 안내서이자 신뢰할 만한 길잡이가 될 이 책을 자신 있게 추천합니다. 작은 실천이 쌓여 만들어질 풍성한 배움의 경험을 독자 여러분도 반드시 누리시길 바랍니다.

이현정
현재 마드리드 소재 영국학교 교사
UCL 런던 대학교 번역학(영어–한국어) 석사과정 채점 강사

저자는 2025년 인도네시아 APEX 행사에서 선발된 40명의 교육자들과 함께 만났습니다.

그는 적극적으로 교류하며 의미 있게 우수 사례를 공유했고, 인도네시아어 연설과 현지 표현을 통해 소통했습니다.

공식 세션을 넘어 휴식 시간과 현장 방문 중에도 대화를 주도하며, 표현을 다듬고 열정적으로 연습했습니다.

그는 빠르게 적응하며, 꾸준한 연습과 실제 상호작용이 성인에게도 언어 학습을 가능하게 한다는 것을 보여주었습니다.

무함마드 악바르 라프산자니 (Muhammad Akbar Rafsanzani)
인도네시아 남수마트라 탈랑우비 17초등학교 교장

저와 제이 선생님의 인연은 2024년 APEX 한일 교원 교류회에서 시작되었습니다. 모두가 영어로 대화하던 자리에서, 유일하게 영어와 일본어를 함께 구사하던 분이 바로 제이 선생님이었습니다. 그런데 놀랍게도, 일본어 공부를 시작한 지 아직 1년도 되지 않았다고 하셨습니다. 더 놀라운 것은 학습 방법이 유튜브 등을 활용한 '완전한 독학'이었다는 점이었습니다. 그 이야기를 듣고 정말 감탄했습니다.

언어 실력만큼 인상 깊었던 것은, 누구와도 금세 친해질 만큼 따뜻하고 개방적인 제이 선생님의 소통 능력이었습니다. 제이 선생님이 일본어를 배우기 시작한 이유는, 일본과의 공동 수업을 준비하면서 "상대의 문화를 더 잘 이해하고 싶다"라는 마음 때문이었다고 합니다. 공부를 위한 언어 학습이 아니라, 사람과 사람을 잇는 '소통의 언어 학습'을 몸소 실천하고 계셨던 것이죠.

연수 기간 동안 저희는 공동수업의 파트너가 되어 함께 온라인 수업을 기획했습니다. 이후에는 실제로 제이 선생님이 근무하시는 학교의 교사분들과 제가 함께 수업을 진행하기도 했습니다. 외국어를 단순한 과목이 아닌 '의사소통의 도구'로 진심으로 활용하며, 아이들의 깊은 배움을 위해 열정을 다하는 그 모습이 인상 깊었고, 그 과정 자체가 정말 즐거웠습니다. 제이 선생님처럼 높은 뜻과 따뜻한 마음을 지닌 훌륭한 교사를 만날 수 있었다는 것이 큰 기쁨이었습니다.

이 책을 읽으면 제이 선생님이 언어를 익혀온 여정이 고스란히 전해집니다. 시험을 위한 공부에는 흥미를 느끼지 못했지만, 성인이 된 후 필요성을 느끼고 시작한 언어 학습을 통해 스스로 길을 만들어간 제이 선생님. 그 과정은 언어 학습의 진짜 재미가 무엇인지를 보여줍니다. 언어 학습의 목적은 좋은 성적이나 자격증이 아닙니다. 그 언어를 통해 사람들과 마음을 나누고, 세상을 넓히는 데 있습니다. 그리고 말할 수 있는 언어의 수만큼 세상에는 더 많은 친구가 생깁니다. 이렇게 흥미롭고 따뜻한 공부가 또 있을까요?

이 책은 그런 새로운 세계로 나아가는 첫걸음을 응원해주는 소중한 한 권이 될 것입니다. 많은 분들이 꼭 읽어보시길 바랍니다.

마츠자카 카오루 (松坂薫)
시키시립 무네오카 제2초등학교 교사

안녕, 나의 친애하는 제이에게.

무엇보다 먼저, 네가 원고를 나와 나눠 준 것에 진심으로 고마워. 네 책을 읽을 수 있었다는 건 내게 큰 행운이자 특권이었어.

네 책은 인간적이고 따뜻하며, 깊은 공감을 품고 있었어. 단순한 학습 지침서라기보다 끈기와 호기심, 그리고 창의성의 기록이었지. 언어를 배우는 일이 돈이나 시간이 아니라, 타인과 연결되고 세상을 새로운 시각으로 바라보려는 진정한 열망의 문제임을 보여주는 증거였어.

네 접근 방식은 기존의 언어 학습 패러다임에 변화를 제시해. 언어를 배우는 것은 단순히 좋은 성적을 받거나 시험에 합격하기 위한 과정이 아니라, '문화 간의 진정한 다리를 놓는 일'임을 네 책은 보여주고 있어.

이 책은 솔직하고, 동기부여적이며, 동시에 매우 현실적이야. 마법 같은 비법을 약속하지 않지만, 대신 네가 걸어온 진짜 경험과 전략을 나누며, 같은 길을 걷는 이들에게 영감을 전하는 책이야.

나는 네가 언어 학습 과정에서 겪은 좌절, 수줍음, 막힘, 머릿속이 하얘지는 순간, 포기의 유혹, 그리고 다시 찾아오는 희망과 같은 감정의 여정을 묘사한 부분에서 깊이 감동했어. 이건 언어를 배우는 모든 이가 공감할 수 있는 이야기야.

특히 "심지어 모국어로도 우리는 종종 말에 실수한다. 그렇다면 외국어에서의 실수는 두려워할 필요가 없다. 틀림 또한 학습의 한 방식이다."라는 문장은 오래도록 마음에 남았어.

작은 습관의 힘에 대한 네 생각은 제임스 클리어의 『아토믹 해빗(Atomic Habits)』을 떠올리게 했어.

"행동이야말로 당신이 얼마나 간절히 원하는지를 보여준다. 중요하다고 말하면서 실천하지 않는다면, 당신은 그것을 진정으로 원하지 않는 것이다."

너의 문장 속에서 나는 자주 나 자신을 발견했어. 책을 읽는 동안 나도 영어 공부를 다시 시작하고 싶다는 생각이 들었거든. 나는 마흔 살이야. 여전히 영어를 잘하고 싶어 노력 중이야. 그리고 너처럼 프랑스어, 포르투갈어, 심지어 한국어에도 조금씩 손을 뻗어봤어 — YouTube, 웹사이트, Duolingo 같은 앱의 도움을 받으며.

책을 덮고 나서 스스로에게 물었어.

"왜 나는 진전이 없을까? 방법의 문제일까, 규율의 문제일까, 아니면 단순히 두려움 때문일까?"

콜롬비아 속담에도 이런 말이 있잖아.

"늙은 앵무새는 말을 배우지 못한다."

하지만 이제 알겠어. 문제는 자원이 아니라 꾸준함과 전략이었고, 네 책은 바로 그 두 가지를 선물하고 있었어.

경제적 시각에서 접근한 부분도 인상 깊었어. 콜롬비아처럼 월평균 350달러로 생활하는 나라에서 언어 공부는 사치처럼 느껴질 수 있거든. 그런데 너는 창의성과 규칙적인 실천만으로도 가능하다는 걸 보여줬어. 덕분에 메데인에서 경비원으로 일하면서 Duolingo로 다섯 개 언어를 독학한 남자의 이야기가 떠올랐어. 너와 그 사람 모두 결코 포기하지 않는 자가학습자의 힘을 상징해.

나는 한국에서 열린 국제 교사 네트워크 프로그램 LEAD를 통해 너를 처음 만났어. 그때 네가 발표한 사회과 · 지리 수업 프로젝트의 설계 방식이 정말 인상적이었지. 발표가 끝나자마자 나는 너에게 다가가 인사를 했고, 네가 스페인어로 답했을 때 정말 놀랐어. 그 먼 나라에서 내 모국어를 들었을 때의 감동을 아직도 잊지 못해.

그 이후 우리는 학생들과 함께 문화 교류 수업을 이어가며 서로 배우고 웃는 시간을 만들었지. Zoom으로 만날 때마다 우리는 스페인어, 한국어, 영어를 섞어가며 이야기했어. 그 혼란스럽지만 아름다운 순간들이야말로 네 책이 전하고자 하는 "언어와 감정으로 이어지는 다리, 서로 다른 세계를 잇는 진정한 연결"이란 메시지의 정수 같아.

네 책은 언어와 감정의 관계에 대해서도 깊이 생각하게 했어. 모국어가 아닌 언어에서는 욕이나 애정 표현의 감정적 무게가 다르잖아. 그 문화적 차이를 짚은 부분이 정말 흥미로웠어.

또한 반복, 맥락, 인지 부하, 간격 학습, 쉐도잉 같은 실천적 개념을 AGES 모델(주의, 생성, 감정, 간격)**과 같은 신경언어학 이론으로 엮어낸 부분도 놀라웠어. 과학적 근거와 감성적 통찰의 조화가 정말 훌륭했어.

제이, 네 책은 단순한 도구가 아니라 너의 공감 능력과 교육에 대한 열정이 담긴 거울이야.

언어 학습을 하나의 인류학적이고 인간적인 여정으로 보여준 점이 깊은 울림을 줬어.

이 훌륭한 작업을 진심으로 축하해.

그리고 우리에게 '언어를 배우는 것은 마음의 경계를 넓히는 일'이라는 것을 다시금 일깨워줘서 고마워.

한국과 콜롬비아를 잇는 이 다리의 한쪽을 함께하고 있어 영광이야.

존경과 애정을 담아,
너의 콜롬비아 친구,
카티아 수아레스 (Katia Suárez)
Ie Felix María Restrepo Londoño 기술 · 정보 교과 교사

목차

제3부

## 더 알아가고 싶은 외국어



제4부

## 알뜰 직장인의 외국어 루틴

제5부

## 외국어와 멀어지는 계기



제6부

## 여러 외국어 동시에 FLEX 하기



제7부

## 인공지능 시대의 외국어 학습

영어, 일본어, 스페인어를 익힌
알뜰한 방법

제1부

# 0개 국어에서 다국어 FLEX로

1. 4개 국어의 힘, 가능성을 넓히다
2. 모국어, 제2언어, 외국어
3. 결정적 시기를 넘어, 성인도 배울 수 있다
4. AI가 대신해 줄 텐데, 왜 언어를 배워야 할까?

## 1 4개 국어의 힘, 가능성을 넓히다

안타깝게도 "4개 국어를 하게 되어 인생이 어마어마하게 바뀌었냐?"라는 질문에는 선뜻 긍정적인 대답을 하기 어렵다. 외국어가 한 사람의 인생을 단번에 업그레이드시키는 만능 키는 아니기 때문이다. 그러나 "4개 국어로 인해 인생이 '옆그레이드' 되었는가?"라는 질문에는 자신 있게 고개를 끄덕일 수 있다. 언어가 직접적으로 내 삶을 바꾸지는 않았지만, 확실히 더 넓은 가능성과 기회를 열어주었다.

나는 원래 새로운 것에 도전하는 데 거부감이 크지 않았다. 군 복무를 마치고 학교로 돌아왔을 무렵, 교육계에서는 막 SW교육이 강조되기 시작했다. 경험 있는 교사가 거의 없던 시기였는데, 교장 선생님께서 나에게 그 업무를 맡아달라고 하셨다. 낯설고 선례도 없는 일이었지만 흥미로웠고, 흔쾌히 "해보겠습니다"라고 답했다.

이후 비교적 이른 시기에 에듀테크와 인공지능 교육에도 발을 들였다. 학급에서 태블릿을 활용한 수업을 시도하거나 학생들과 데이터를 분석하는 프로젝트를 진행하면 언제나 주목을 받았다. 그러는 사이 다른 교사들 앞에서 강의할 기회가 생겼고, 책을 집필하는 기회도 생겼다. 감사하게도 교육부 장관상을 받는 영광도 있었다. 블루오션에서의 행복감을 만끽했다.

그러나 시간이 지나자 상황은 달라졌다. 에듀테크와 인공지능 교육에 뛰어드는 교사들이 늘어나며 이 분야는 레드오션이 되었다. 예전에는 교육청에서 먼저 강의 의뢰나 지원 요청이 들어왔지만, 시간이 흐르며 교사 선발이나 공모전에서 탈락하는 경우가 잦아졌다. 같은 주제를 더 참신하게 풀어내는 이들도 많아졌고, 나의 강점은 점차 옅어지는 듯했다.

그러던 2022년, 눈에 들어온 것이 서울시교육청에서 운영하는 국제공동수업 프로젝트였다. 서울 학생들이 해외 학생들과 온 · 오프라인으로 만나 공동 주제를 토의하고 문화를 나누는 프로젝트인데, 에듀테크와 인공지능을 접목하면 효과적일 것 같았다.

처음에는 크게 부담이 되지 않았다. 각자 자신의 언어로 말해도 상대방의 언어로 번역해 주는 '통번역 프로그램'을 교육청에서 운영하고 있었기 때문이다. 그러나 막상 이를 활용하려 하자 시스템 오류가 반복적으로 발생해 결국 사용할 수 없었다.

일본 측 교사는 한국어를 할 수 없었고, 나 역시 일본어는 물론 영어로도 원활하게 대화를 이어갈 만큼 능숙하지 않던 때였다. 결국 번역기를 사용할 수밖에 없었지만, 어색한 문장과 긴 대화 지연 때문에 대화가 자주 끊겼다. 한국과 일본 아이들의 서로에 대한 관심을 제대로 전달하지 못했던 답답함과 아쉬움은 오래 남았다.

이 경험을 통해 번역기와 같은 도구만으로는 돌발 상황에 대응하기 어렵고, 주체적인 의사소통 능력이 필요함을 느꼈다. 그렇게 2022년 12월, 만 30살이 되던 해에 나는 일본어 공부를 시작했다.

내가 일본어를 배운 후, 우리의 국제공동수업에서 달라진 점은 크게 두 가지였다. 첫째는 학생들 간의 소통이었다. 아이들이 화면 너머로 실시간 대화를 주고받을 때, 내가 그 흐름을 더욱 자연스럽게 이어 줄 수 있었다. 덕분에 어색하게 멈추던 순간이 줄었고, 아이들의 웃음과 대화는 한층 더 풍성해졌다. 둘째는 수업의 주제 변화였다. 이제 수업의 초점을 '서로의 언어를 배우며 문화를 이해하고 존중하는 것'으로 옮겼다. 학생들은 수업 전 발표 자료를 상대국의 언어로 준비하고, 수업 중 직접 발표하며 자연스럽게 언어를 익혀 갔다.

국제교류에 대한 관심이 점차 커져가던 2024년, IACE(APEC 국제교육협력원)에서 운영하는 ALCoB 교사단(APEC Learning Community Builders - APEC 회원국 교사들이 국제 학습공동체를 구현하고, 교육 봉사와 교류 활동을 통해 전 세계 교육 발전에 기여하는 그룹) 신규 교원 모집 공고를 접하게 되었다. 곧바로 이에 지원했고, 1차 서류심사와 2차 영어 면접을 통과해 선발될 수 있었다. 1차 면접에서는 지원 6개월 전 취득한 JLPT(일본어능력시험) 3급 자격증이, 영어 면접에서는 국제공동수업을 하며 필요성을 느껴 일본어와 함께 공부해 둔 영어가 큰 힘이 되었다.

ALCoB 교사단으로 활동하게 된 이후, APEX(ALCoB Program for Educators Exchange) 프로그램을 알게 되었다. 이

는 한국과 일본 교사들이 모여 국제교류 프로그램을 제안하고, 우수 수업 모형을 시연 · 논의하며 교육 문화를 확장해 가는 자리였다. 본래 일본은 파견 대상국에 포함되어 있지 않았지만, 2024년에 새롭게 추가되었고, 내게는 마치 운명처럼 느껴졌다.

그 무렵 나는 꾸준히 이어온 일본어 학습으로 이미 JLPT 1급을 취득한 상태였고, 지원자 중 JLPT 자격증을 보유한 교사가 나뿐이었기에 선발은 어찌 보면 자연스러운 결과였다. 이 인연으로 일본 교사들이 우리 학교를 방문하기도 했으며, 여전히 부족한 실력이었지만 한국 교원과 일본 교원이 원활히 소통할 수 있도록 통역을 맡아보기도 했다.

교육부 ODA(Official Development Assistance) 사업을 통해 파라과이, 콜롬비아, 몰도바, 우즈베키스탄 교원들이 한국을 방문했을 때, 연수 강사로 참여할 수 있는 기회도 주어졌다. 그 당시에 새로 배우기 시작한 스페인어로 직접 대화를 나눌 수 있었고 콜롬비아 교육 관계자와 함께 마신 마테차 한잔은 소중한 인연이 되었다. 인연은 2025년 콜롬비아 학교와의 국제공동수업으로 이어졌고, 서로의 언어를 학습하기 위한 노래를 AI로 제작하고 함께 부르곤 했다.

에듀테크와 인공지능, 그리고 언어 학습을 결합한 국제교류는 긍정적인 평가를 받으며 새로운 길을 열어주었다. 태국과 인도네시아에서는 현지 교원들과 영어로 소통하며 한국의 에듀테크 · 인공지능 교육을 주제로 강의와 심포지엄을 진행할 수 있었다. 이어 서울시교육청 부교육감과 함께 미국 동부 지역 한국어 채택 교사들을 대상으로 한 연수에도 참여했다. 특히 미국은 거리와 비용을 고려하면 개인적으로 쉽게 가기 어려운 곳이었기에, 교육청 출장을 통해 직접 경험할 수 있었다는 점에서 더욱 뜻깊었다.

외국어가 내 삶을 단번에 바꾼 것은 아니지만, 내가 쌓아온 기반과 만나 예상치 못한 시너지를 만들어냈다. 국내의 치열한 경쟁 속에 머물던 시야는 국제교류라는 무대로 확장되었고, 그 안에서 아직 도전자가 많지 않은 기회를 발견할 수 있었다. 그것은 나를 위로 끌어올린 '업그레이드'가 아니라, 옆으로 확장시켜 준 '옆그레이드'였다. 덕분에 더 많은 만남과 가능성을 마주할 수 있었다.

## 2 모국어, 제2언어, 외국어

우리는 대부분 하나의 언어 환경에서 태어나 부모나 주변 사람들의 말을 들으며 자연스럽게 언어를 익혀간다. 말이 트이기도 전부터 귀에 담기는 소리를 따라 하며, 언어는 점차 생각과 감정을 담는 그릇이 된다. 그렇게 처음으로 익힌 언어는 우리가 세상을 인식하고 이해하는 방식, 감정을 표현하고 타인과 관계를 맺는 방식에까지 깊은 영향을 미친다.

그러나 시간이 흐르면서 우리는 또 다른 언어를 만나게 된다. 학교에서, 직장에서, 혹은 여행이나 취미를 통해 접하는 새로운 언어는 단순한 자연 노출만으로는 충분히 익히기 어렵다. 사람마다 언어에 접근하는 방식이 다르고, 익숙해지는 속도나 심리적 거리감도 제각각이다. 어떤 언어는 발음이 입에 잘 붙어 쉽게 다가오는 반면, 어떤 언어는 낯선 문법 구조 때문에 쉽사리 익숙해지지 않는다. 심지어 같은 사람이라도 언어에 따라 느끼는 편안함과 부담감은 달라진다.

이때 자주 등장하는 개념이 '모국어', '제2언어', '외국어'다. 이들은 모두 다른 사람과의 연결을 위한 수단이라는 공통점을 갖지만, 습득 시기 · 방식 · 사용 환경 · 학습 동기 · 정서적 거리감에서 뚜렷한 차이를 보인다.

**[표] 언어의 3가지 유형**

| 구분 | 모국어 | 제2언어 | 외국어 |
|---|---|---|---|
| 정의 | 태어나서 처음 익힌 언어 | 일상이나 특정 환경에서 실질적으로 사용하는 두 번째 언어 | 해당 언어를 사용하는 나라 밖에서 학습을 통해 익히는 언어 |
| 습득 시기 | 유아기(0~6세) | 아동기(7~12세) 이후 | 주로 청소년기 (13~18세) 이후 |
| 습득 방식 | 무의식적, 반복 노출을 통한 흡수 | 필요에 의한 자연 노출과 사용 | 의식적 노력, 학습 중심 |
| 사용 환경 | 가정, 지역사회 등 전반적인 생활환경 | 생활의 일부(학교, 직장, 지역사회 등) | 주로 수업, 시청 콘텐츠, 취미 생활 |
| 학습 동기 | 생존적, 본능적 | 사회적 필요, 기능적 목적 | 흥미, 자기계발, 시험, 여행 등 |
| 정서적 거리감 | 가장 친숙하고 안전한 언어 | 익숙해질 수 있으나 약간의 거리감 존재 | 낯설고 거리감이 큼 |
| 실제 접촉 | 매일 듣고 사용 | 자주 사용하거나 반복적으로 접함 | 직접 접촉 기회는 상대적으로 적음 |
| 문법 · 발음 학습 | 특별히 학습하지 않아도 익숙함 | 문법, 발음 등 자연스럽게 익힘 | 별도로 배우고 연습해야 익숙해짐 |
| 공통점 | 모두 반복과 상호작용을 통해 익혀짐<br>모두 실제적 맥락이 중요함<br>사람과의 연결 속에서 의미가 생김 | | |

'모국어'는 우리가 가장 먼저 접하고 가장 깊이 스며든 언어다. 갓 태어난 아기가 처음 듣는 말은 부모나 보호자의 목소리이고, 그 말은 따뜻한 눈빛이나 촉감과 함께 연결된다. 단어 하나하나가 설명이 아니라 일상의 행동과 감정 속에서 체득되며, 우리는 언젠가 모국어가 몸에 밴 자신을 발견하게 된다.

이처럼 무의식적으로 익힌 언어는 사고와 감정의 틀이 된다. 한국어의 "밥 먹었어?"라는 말이 단순한 질문을 넘어 따뜻한 안부 인사가 되는 것처럼, 모국어는 의사소통의 도구를 넘어 세상과 연결되는 방식 그 자체다. 어릴 적부터 몸에 밴 모국어는 단어 하나만 들어도 그에 얽힌 감정과 기억을 불러오며, 나라는 사람을 구성하는 토대가 된다. 동시에 우리가 다른 언어와 문화를 마주할 때, 그 모든 경험의 기준점이자 중심축이 되어 준다.

'제2언어'는 모국어 이후 배우지만 단순히 학습에 그치지 않고 실제 생활에서 반드시 사용해야 하는 언어다. 다문화 가정 아이가 집에서는 부모의 언어를, 학교에서는 한국어를 쓰거나, 이민자가 현지 언어로 장을 보고 직장에서 일하는 경우가 대표적이다. 이처럼 제2언어는 배우는 과정에서도 사용하지 않으면 일상생활이 불가능하거나 불편해지는 환경에 놓이기에, 실용성과 긴밀함을 동반하며 익혀지는 언어라고 할 수 있다. 반복적인 노출과 자연스러운 사용이 이어지면서 점차 생활 언어로 자리 잡는다.

그렇다면 '외국어'는 무엇일까? 외국어는 해당 언어권 밖에서 학습을 통해 익히는 언어로, 한국에서 일본어나 스페인어를 배우는 경우가 대표적이다. 자연 노출 기회가 적기 때문에 의식적인 학습이 필요하고, 제2언어와는 달리 반드시 사용해야 하는 강제성이 없어 스스로 동기와 의욕을 관리해야 한다. 처음에는 흥미로 시작할 수 있지만, 점차 반복의 지루함이나 더딘 진전 속에서 포기하고 싶어질 수도 있다. 그렇기에 외국어 학습에는 '시간 확보'와 '지속적인 학습'이 필수적이며, 운동이나 악기 연습처럼 일정한 루틴 속에서 꾸준히 연습해야 조금씩 익숙해지고 생활 속 일부로 자리 잡을 수 있다.

세 언어 유형은 습득 시기, 방식, 사용 환경, 학습 동기, 정서적 거리감, 실제 접촉 빈도 등에서 차이를 보인다. 그러나 공통점도 있다. 언어는 결국 사람과의 상호작용 속에서 습득된다는 점이다. 델 하임즈(Dell Hymes)가 제시한 의사소통 능력(Communicative Competence) 개념처럼, 언어는 단순한 문법 지식만으로는 완성되지 않는다. 문법적 정확성뿐 아니라, 상황에 맞게 적절하게 표현할 수 있는 사회언어학적 능력, 대화를 이어가는 담화 능력, 실제 상황에서 즉흥적으로 해결하는 전략 능력이 함께 발달해야 진정으로 사용할 수 있는 언어가 된다.

언어는 외딴섬이 아니다. 책을 읽고, 영상을 보고, 대화를 나누며, 때로는 오해를 풀어가는 모든 과정에서 비로소 숨을 쉰다. 단어와 문법을 외우는 것 이상으로, 언어가 쓰이는 맥락을 얼마나 자주 · 깊이 경험하는지가 중요하다.

모국어든, 제2언어든, 외국어든 출발점은 달라도 길은 닮아 있다. 반복, 상호작용, 몰입. 이 세 가지가 언어를 삶 속에서 살아 있는 기술로 바꾼다.

이 책은 '외국어'를 중심으로 다룬다. 해외 경험이 없는 평범한 사람이 30대에 영어 · 일본어 · 스페인어를 외국어로 배우며 겪은 시행착오와 작은 깨달음들을 담았다. 늦게 시작했더라도 꾸준히 이어간 학습이 어떻게 삶 속에 뿌리내렸는지, 그 과정을 솔직히 기록했다.

## 3 결정적 시기를 넘어, 성인도 배울 수 있다

"나이도 많은데 이제 와서 외국어가 되겠어?"

내가 언어 공부를 시작했을 때, 주변으로부터 가장 많이 들었던 말이다. 사실 나 역시 그 말에 어느 정도 공감했다.

30대가 될 때까지 외국에 나가본 경험이라고는 초등학교 5학년 때 가족과 함께 다녀온 3박 4일 패키지 여행이 전부였다. 대학생이라면 '통과의례'처럼 다녀오던 배낭여행조차 해본 적이 없었다. 철저히 국내에만 머물러 살아온 탓에, 사람들은 장난스럽게 나를 '흥선대원군'이라 불렀다. 외국과의 문을 걸어 잠갔던 조선의 쇄국정책을 빗댄 별명이었다.

게다가 나의 모국어 사용조차 엉뚱한 순간들이 많았

다. 아내에게는 "얼굴에 광기가 흘러!"라고 했다가 등을 얻어맞았고, 엄마에게는 "김치찌개 맛이 썩 좋네"라는 말을 했다가 수저를 모두 압수당한 적도 있었다. 이런 나였으니, 사람들이 "30대에 외국어를 배우겠다"라는 내 말에 고개를 저은 것도 무리는 아니었다.

하지만 모국어를 능숙하게 구사하는 사람들조차 성인이 되어 외국어를 배우는 일에는 회의적인 것 같다. 이때 많이 언급하는 이론이 바로 '결정적 시기 가설(Critical Period Hypothesis)'이다. 생후 2세부터 사춘기까지가 언어를 가장 자연스럽게 익힐 수 있는 시기이며, 이 시기를 지나면 언어 '습득'이 어려워진다는 것이다.

이 믿음을 가장 극적으로 보여주는 사례가 있다. 바로 스페인의 '늑대소년', 마르코스 로드리게스 판토야의 이야기다. 어린 시절 그는 불운하게도 가족과 떨어져 숲속에 버려졌다. 생존을 위해 몸부림치던 그는 우연히 늑대 무리와 함께 지내게 되었고, 인간 사회와의 모든 연결이 끊긴 채 늑대처럼 살아가야 했다. 네 발로 기어다니고, 손이 아닌 입으로 음식을 먹으며, 울음소리와 몸짓으로 소통했다. 그 세계의 법칙 속에서 그는 살아남는 법을 배웠다.

그러나 19세가 되던 해, 그는 다시 인간 사회로 돌아왔다. 그때부터 말하기, 옷 입기, 도구 사용, 감정 표현 등 우리에게는 너무도 당연한 일들이 모두 낯선 기술로 다가왔다. 언어 역시 전혀 익숙하지 않았다. 사람과 함께 살아본 적이 없었기에, 단어를 자연스럽게 습득하지 못했고, 이후에도 언어를 몸에 익히는 데 큰 어려움을 겪었다.

마르코스의 사례는 언어가 단순히 지식처럼 배우는 것이 아니라, 일정한 시기 안에 사람과의 관계와 상호작용 속에서 몸에 스며드는 '습득되는 것'임을 보여준다. 그리고 그 시기를 놓치면 언어 습득은 거의 불가능에 가까워진다. 이것이 바로 사람들이 "성인이 된 뒤 외국어를 배우는 것은 어렵다"라고 말하는 근거였다.

그렇다면 우리는 늦게 시작한 이상 언어를 포기해야만 할까? 꼭 그렇지는 않다. 여기서 중요한 개념이 바로 '습득(acquisition)'과 '학습(learning)'의 차이다.

습득은 무의식적이고 자연스러운 과정이다. 아기가 "엄마", "아빠"라는 단어를 말할 때, 뜻을 일일이 설명해 주지 않아도 표정, 행동, 상황을 통해 의미를 이해한다. 매일 반복해서 듣고 사용하는 가운데 언어는 삶에 스며든다.

반면 학습은 의식적이고 구조적인 노력이다. 외국어 단어를 외우고 문법을 정리하고 회화를 연습하는 것처럼, 뇌가 "이건 언어다"라고 인식해야 비로소 받아들여진다. 그래서 시간이 오래 걸리고 꾸준한 노력이 필요하다. 성인이 외국어를 어렵게 느끼는 이유도 바로 여기에 있다.

하지만 결정적 시기를 놓쳤다고 해서 언어 학습의 문이 닫히는 것은 아니다. 인간 사회로 돌아온 마르코스는 본능적인 '습득'의 기회는 잃었지만, '학습'을 통해 언어 세계로 조금씩 들어올 수 있었다. 처음에는 단어 하나 말하는 데도 시간이 걸렸지만, 결국 인터뷰에 응하고 강연에서 자신의 이야기를 들려줄 정도로 성장했다. 언어를 배우는 길은 더디고 고단할 수 있지만, 끝내 가능하다.

이 점은 음악의 절대음감 사례와도 닮았다. 절대음감은 오랫동안 어린 시기에만 가능한 재능으로 여겨졌지만, 최근 연구는 성인도 꾸준한 훈련으로 절대음감을 획득할 수 있음을 보여준다. 신경과학자 예타 웡 박사는 "절대음감은 타고나는 것이 아니라, 집중적인 훈련을 통해 충분히 얻을 수 있는 능력"이라고 말한다. 언어 역시 마찬가지다. 타고나지 않았더라도, 늦게 시작했더라도, 반복과 훈련을 통해 충분히 배울 수 있다.

게다가 성인 학습자에게는 또 다른 강점이 있다. 바로 '주의집중(noticing)'이다. 언어학자 리처드 슈미트는 새로운 언어 형태를 의식적으로 주목하는 순간이 학습의 출발점이라고 설명했다. 실제로 나는 모르는 낱말을 포스트잇에 적어 책상 앞이나 노트북에 붙여두기도 했고, 디지털 사전에 단어를 저장해 두었다가 틈틈이 다시 확인했다. 또 한국어 표현과 비교하면서 어떤 뉘앙스 차이가 있는지 적어보는 습관도 들였다. 이렇게 구체적으로 기록하고 대비하는 과정은 단순히 단어를 암기하는 수준을 넘어, 언어의 맥락과 의미를 더 깊이 이해하도록 도와주었다.

아이들은 언어를 자연스럽게 '습득'하며 자란다. 그러나 성인은 이미 그런 시기를 지나왔기에, 언어를 '의식적으로' 배워야 한다. 그래서 더디고 어렵게 느껴지기도 한다. 하지만 성인에게는 아이에게 없는 강점이 있다. 이미 삶의 경험이 쌓여 있어 새로운 단어와 표현을 기존 지식과 연결해 이해할 수 있고, 필요한 전략을 스스로 찾아 적용할 수도 있다. 무엇보다 집중해서 기록하고, 비교하고, 의식적으로 주목하는 힘이 있다.

결정적 시기는 지나갔을지라도, 언어 학습은 여전히 열려 있다. 늦게 시작한 만큼 더 단단한 의지를 가지고, 자신의 방법을 만들어가며 배우면 된다. 나 또한 성인이 된 뒤 여러 외국어를 배우면서 이 가능성을 몸소 확인하고 있다. 언어는 더 이상 아이들만의 특권이 아니다. 성인에게도 충분히 열려 있는 가능성의 길이다.

## 4 AI가 대신해 줄 텐데, 왜 언어를 배워야 할까?

인공지능 기술은 눈부시게 발전하고 있다. 이미 스마트폰 하나로 수십 개 언어를 실시간 번역할 수 있고, 음성 인식은 점점 더 정교해진다. 머지않아 귀에 꽂기만 하면 자동으로 통역되는 웨어러블 기기가 상용화될 것이라는 전망도 낯설지 않다. 공항에서, 회의에서, 여행지의 식당에서 기계는 점점 더 빠르고 정확하게 언어의 장벽을 허물고 있다.

그런데 흥미로운 변화가 있다. 기술이 발전할수록 '언어를 잘하는 사람'의 가치가 오히려 높아지고 있다는 점이다. 2025년 삼성전자는 내년 1월부터 외국어 회화 상위 등급을 받은 직원에게 최대 100만 원의 인센티브를 지급하기로 했다. 이는 단순한 복지 차원을 넘어, 실제로 외국어로 사고하고 소통할 수 있는 능력을 기업 경쟁력으로 본 조치다. 앞서 2023년 이재용 회장은 신입사원 간담회에서 "외국어를 배운다는 것은 그 나라의 사고와 가치관, 역사를 배우는 일"이라고 강조한 바 있는데, 이번 제도는 그 철학을 경영에 구체적으로 반영한 사례라 할 수 있다.

이처럼 언어는 단순히 의사소통의 수단이 아니라, 사고의 틀을 형성하는 힘을 지닌다. 어떤 언어를 사용하는가에 따라 세상을 바라보는 방식이 달라진다는 사실은 오래전부터 언어학자들의 관심사였다.

사피어-워프 가설은 언어가 사고에 영향을 미친다는 점을 잘 보여준다. 실제로 러시아어에는 진한 파랑(синий)과 연한 파랑(голубой)을 구분하는 단어가 있는데, 연구에 따르면 러시아어 사용자들은 이 차이를 더 빠르고 정확하게 식별한다. 언어의 어휘 체계가 시각 인지 능력까지 바꾼 셈이다.

시간과 공간 개념도 언어에 따라 달라진다. 영어와 한국어는 시제를 엄격히 구분하지만, 중국어는 부사와 문맥에 의존한다. 북미 원주민 언어 호피어는 과거 · 현재보다

'이미 일어난 일인지, 앞으로 일어날 일인지'를 중시한다. 공간 개념 또한 한국어나 영어는 '왼쪽 · 오른쪽'을 기준으로 하지만, 구구이미티르(호주 원주민 언어)는 오직 '북 · 남 · 동 · 서' 같은 절대 좌표로만 설명한다. 이런 언어를 쓰는 사람들은 방향 감각이 탁월하다. 언어가 사고방식과 인지 습관을 길러낸다는 증거다.

글을 쓰는 방향조차 언어마다 다르다. 한국어는 왼쪽에서 오른쪽으로, 일본어는 세로로, 아랍어나 히브리어는 오른쪽에서 왼쪽으로 쓴다. 그래서 예를 들어 '시간이 흐르는 그래프'를 볼 때, 한국어 사용자라면 자연스럽게 왼쪽에서 시작해 오른쪽으로 미래를 그리지만, 아랍어 사용자들은 반대로 오른쪽에서 왼쪽으로 시간을 읽는다. 같은 데이터를 놓고도 시선이 흐르는 방향이 달라지면서, 전혀 다른 인상이 만들어지는 것이다.

관계에서도 차이는 뚜렷하다. 한국어나 일본어는 철저한 존칭 체계를 통해 상대의 사회적 위치와 감정을 표현한다. 반면 스페인어는 친근하고 수평적인 소통을 선호한다. "¡Tuteame!(나에게 반말해도 돼)"라는 표현은 관계를 빠르게 좁히는 문화적 신호다. 언어는 단순한 문장이 아니라, 사회적 거리를 조율하는 장치다.

이렇듯 언어는 단순히 말을 주고받는 수단이 아니다. 때로는 감정을 흔들고, 정체성을 지탱하며, 사고의 틀을 만들고, 관계의 거리를 조율하며, 심지어 글 한 줄을 쓰는 방식까지 바꾼다. 그래서 언어를 배운다는 것은 또 하나의 세계를 받아들이고, 살아가는 방식을 넓혀가는 과정이며, 동시에 상대방의 문화와 존재를 존중한다는 따뜻한 표현이다. 인공지능이 아무리 발전해도 결코 대신할 수 없는, 철저히 인간의 영역에 속한 일이다.

그렇다면 우리는 어떤 방식으로 언어를 배워야 할까? 학교에서 배웠던 문법 중심의 연역적 학습으로는 언어가 지닌 사고와 가치, 문화를 온전히 체험하기 어렵다. 시험을 위한 문장 분석은 가능하겠지만, 언어가 담고 있는 세계관을 '느끼고 살아보는' 경험과는 거리가 있다. 이제는 문법에서 출발하기보다, 실제 상황과 경험 속에서 언어의 패턴을 스스로 발견해 나가는 귀납적 배움이 필요하다. 낯선 표현 속에서 의미를 추론하고, 맥락을 통해 문법을 익히며, 언어가 만들어내는 사고의 틀을 '몸으로 이해하는' 학습 방식이다. 나는 앞으로 이러한 귀납적 언어 학습법, 즉 언어를 통해 세계를 이해하고 사고를 확장하는 방법을 소개하고자 한다.

제2부

# 우리 곁에 있던 외국어

1. 좋아하는 우리나라 말
2. 다른 나라의 아름다운 말
3. 머릿속에 이미 자리 잡은 외국어

## 1 좋아하는 우리나라 말

예로부터 "수신제가치국평천하(修身齊家治國平天下)"라는 말이 있다. 큰일을 이루려면 가장 가까운 곳부터 살피라는 뜻이다. 외국어 학습도 이와 닮았다. 낯선 언어를 향해 나아가기 전에, 매일 쓰는 우리말의 깊이와 아름다움을 먼저 음미하는 일에서 출발할 수 있다.

언어는 단순한 소통 수단이 아니다. 한 사회가 걸어온 역사와 문화, 그리고 사람들의 삶과 정서가 단어와 표현 하나하나에 스며 있다. 그래서 언어를 대할 때는 그것이 지닌 색과 결, 그리고 그 속에 담긴 온기를 천천히 느끼려는 태도가 필요하다.

이런 감각을 기르는 가장 좋은 시작점은 모국어다. 매일 쓰는 말이지만, 자세히 들여다보면 그 속에는 우리가 미처 알아채지 못했던 섬세함과 깊이가 숨어 있다. 소리를 냈을 때의 울림, 문장 속 단어들이 맞물리며 만들어내는 리듬, 맥락에 따라 미묘하게 변하는 뉘앙스까지. 마치 오래 알고 지낸 친구에게서 처음 보는 표정을 발견했을 때처럼, 모국어도 우리를 새롭게 놀라게 한다.

가령 '불멍'이라는 말. 불을 멍하니 바라본다는 뜻인데, 이 단어를 들을 때마다 마음이 스르르 풀린다. 늦은 저녁, 바깥 불빛이 창문 너머로 아른아른 스며드는 거실에서, 멀리서 간간이 들려오는 아련한 거리의 소리를 배경 삼아 무작위로 흔들리는 불꽃을 바라보는 순간을 떠올리게 된다. 그 시간 속의 나는 어떤 역할도, 성과도, 판단도 내려놓은 채 그저 존재하는 나로 돌아간다. 불꽃은 일정한 패턴 없이 출렁이며, 꺼질 듯 말 듯 아슬아슬하게 타오른다. 그런데 바로 그 불완전함이 오히려 나를 깊이 편안하게 한다. 아무것도 하지 않아도 괜찮다는 허락, 그저 바라보는 것만으로도 충분하다는 위안이, 이 짧고도 단순한 단어 안에 고스란히 담겨 있다.

'윤슬'이라는 말도 참 좋다. 햇빛이 물 위에서 반짝이며 흩어지는 모습을 가리키는 이 단어는, 그 자체로 하나의 풍경이다. 파란 하늘 아래, 사랑하는 사람과 나란히 걷는 강가나 바닷가를 떠올리게 한다. 바람에 몸을 맡긴 푸른

물결 위로 햇살이 부서져 흩날리는 장면 속에는, 빛과 바람, 그리고 잔잔한 물결이 한꺼번에 담겨 있다. 단어 하나에 이렇게 많은 감각과 풍경이 겹겹이 스며 있다는 사실이, 들을 때마다 새삼 놀랍고도 신기하다.

또 하나, 들을 때마다 마음 한구석이 간질간질해지는 단어가 있다. 바로 '땅강아지'다. 본래는 벌레를 가리키는 말이지만, 의미보다 그 소리와 어감에 묘한 친근함이 배어 있다. 어린 시절, 친구들과 시골 마을 골목을 종횡무진 뛰어다니며 이 단어를 입에 달고 놀던 기억이 아직도 생생하다. 우리는 '땅강아지'로 말장난하고, 장난기 가득한 놀림을 주고받았다. "너 땅강아지 같아!" 하고 웃으며 던진 말 속에는 어쩐지 따뜻한 온기가 스며 있었고, 그 놀림은 싸움이 아닌 웃음으로 끝나곤 했다. 웃음의 끝에는 언제나 함께 뛰던 친구들이 있었다.

반대로, 뜻이나 의미보다 소리 자체가 좋아서 자꾸 입에 붙는 말도 있다. 예컨대 '흉측하다', 그리 유쾌한 뜻은 아니어서, 무섭거나 괴상하고 어딘가 섬뜩한 이미지를 떠올리게 한다. 그런데 막상 입으로 소리 내어 말해 보면, 이상하게도 재미있다. 입안 가득 울림이 번지고, 자음들이 부딪히는 느낌이 묘하게 통쾌하다. 특히 '흉'과 '측'이 이어질 때 혀끝에 생기는 가벼운 긴장감은, 마치 일부러 괴상한 표정을 지으며 장난치는 어린아이 같달까. 그래서인지 이 단어를 몇 번 굴리다 보면, 뜻의 음울함과 달리 오히려 기분이 풀리고 웃음기가 돈다. 단어의 발음이 지닌 리듬이, 그 자체로 작은 놀이나 장난이 되는 셈이다.

그리고 '우헤헤', 이건 더 설명할 것도 없이 듣는 순간 웃음이 번지는 소리다. 누가 먼저랄 것도 없이 터져 나오는 웃음 같고, 민망함을 슬쩍 넘기려는 익살 같기도 하다. 특별한 뜻이 없이 입에서 불쑥 튀어나오지만, 그 속에는 분명한 온기가 담겨 있다. 진심으로 기분이 들뜨거나, 마음이 가볍게 풀려야만 나올 수 있는 웃음의 소리이기 때문이다. 말이라는 것이 꼭 논리적이거나 명확할 필요는 없다. 오히려 이런 소리는 우리 안에 뭉친 감정을 부드럽게 풀어주고, 하루를 조금 더 유쾌하게 만드는 숨구멍 같은 존재가 된다.

이런 단어들을 곱씹다 보면, 언어의 진짜 매력은 단순한 의사소통을 넘어 그 언어가 자라난 문화권의 정신을 들여다볼 수 있다는 데 있다는 생각이 든다. 어떤 단어는 그 사회의 역사와 기억, 사람들의 정서와 사고방식까지 고스란히 품고 있다. 그래서 그 나라 말을 배운다는 것은 문법 구조나 어휘를 외우는 일이 아니라, 그 언어가 뿌리 내린 문화와 삶의 방식을 몸으로 이해하는 과정이다. 같은 '물'이라는 개념도, 어떤 문화에서는 생명의 원천으로, 또 다른 문화에서는 깨끗함이나 순환의 상징으로 받아들인다. 이런 차이를 느끼는 순간, 우리는 단순히 새로운 단어를 익힌 것이 아니라 그 언어를 쓰는 사람들의 세계관 한 조각을 배우게 되는 것이다. 결국 언어 학습은 어휘와 발음을 넘어, 그 언어를 쓰는 사람들의 눈으로 세상을 바라보는 법을 익히는 일이다.

아이러니하게도, 외국어를 배우면 배울수록 오히려 모국어가 새롭게 다가온다. 매일 쓰던 말이 낯설 만큼 생경하게 들리거나, 잊고 있던 단어가 불쑥 마음을 두드리는 순간, 언어는 과거와 현재를 동시에 비추는 거울이 된다. 그때마다 "나는 이제야 우리말의 진짜 얼굴을 알아가는 건 아닐까?"라는 생각이 든다. 외국어는 나를 낯선 세계로 이끌지만, 동시에 내 안에 오래 자리한 모국어의 결을 또렷하게 드러내 주며, 결국 내가 누구인지를 다시 확인하게 만든다.

## 2 다른 나라의 아름다운 말

예전의 나는 외국어를 마주할 때마다 어김없이 긴장이 앞섰다. 잘해야 한다는 부담, 틀리지 말아야 한다는 압박에 먼저 마음을 졸였다. 그런데 모국어 속에 그렇게도 많은 보석 같은 단어들이 숨어 있었다는 사실을 새삼 깨닫고 나니, 다른 나라 말도 이전과는 전혀 다른 빛깔로 보이기 시작했다. 긴장과 부담, 압박감은 서서히 풀려나가고, 그 자리를 호기심과 기대가 채워갔다.

그러다 가끔, 우연히 알게 된 외국어 단어 하나가 이유 없이 유난히 아름답게 들릴 때가 있다. 뜻을 몰라도, 그 말이 품은 울림과 리듬만으로 마음 한구석이 간질거린다. 마치 처음 들어보는 멜로디에 괜히 설레듯, 그 단어 하나가 하루를 조금 더 부드럽게 물들이고, 나를 그 언어의 세계로 한 발 더 이끌어간다.

일본어를 배우기 시작하고 얼마 지나지 않아, 우연히 '木漏れ日[코모레비]'라는 단어를 알게 되었다. '나무(木)'와 '스며듦(漏れ)', 그리고 '햇살(日)'이라는 세 한자가 만나 만들어진 이 말은, 나뭇잎 사이로 부드럽게 스며드는 햇살을 뜻한다. 한국어에는 없는, 이 장면만을 가리키는 일본어가 따로 있다는 사실이 놀라웠다. 바람에 흔들리는 나뭇가지에 맞춰 빛도 살짝살짝 움직이며 춤추듯 내려오는 그 순간. 우리는 누구나 한 번쯤 본 적 있는 장면인데, 그것을 한 단어 안에 오롯이 담아냈다는 점에서 일본어의 섬세함이 새삼 느껴졌다.

'코모레비'라는 단어를 알게 된 뒤, 나는 먼저 일본 노래 가사 속에서 이 말이 유난히 자주 등장한다는 사실을 발견했다. 가사 속 '코모레비'는 언제나 따뜻하고 부드러운 장면을 품고 있었고, 그 빛을 떠올리게 하는 멜로디와 어우러져 내 마음 깊숙이 스며들었다. 그래서였을까. 햇살 좋은 날 나무 그늘 아래를 지날 때마다 이 단어가 어김없이 떠올랐다. 말 그대로 그 빛은 '코모레비'였다. 굳이 설명하지 않아도, 번역하지 않아도, 풍경이 곧 단어가 되고 단어가 곧 풍경이 되는 순간이었다. 그때 나는 처음으로 일본어와 정서적으로 연결되는 경험을 했다. 그 순간부터 일본어는 더 이상 시험을 위한 외국어가 아니었다. 그저 아름다운 장면 하나를 함께 나눌 수 있는 언어가 되었고, 언어를 배우고 싶은 이유는 반드시 거창하거나 실용적일 필요가 없다는 사실을, 나는 이 한 단어로 처음 배웠다.

스페인어에서는 'Sobremesa[소브레메사]'라는 말이 유난히 오래 기억에 남는다. 이 단어를 처음 접했을 때, 단순한 뜻풀이만으로도 마음속에 잔잔한 울림이 일었다. 'Sobre'는 '~위에', 'mesa'는 '식탁'을 뜻한다. 직역하면 '식탁 위에서의 시간'이지만, 이 단어가 가리키는 것은 단순한 장소가 아니다. 식사 후, 식탁에 둘러앉아 나누는 대화와 여운의 시간, 음식을 매개로 사람과 사람이 천천히 이어지는 순간을 말한다. 식사가 끝났다고 해서 곧바로 일어나는 게 아니라, 음식의 시간 뒤에 오는 사람의 시간. 마치 하나의 장면처럼 느껴진다. 따뜻한 접시 위의 음식이 서서히 식어가는 동안 웃음소리와 이야기가 식탁 위에 천천히 쌓인다. 누군가는 와인을 조금 더 따르고, 누군가는 디저트를 맛보며 서로의 이야기보따리를 풀어놓는다.

이 단어를 처음 알았을 때, 마음 한구석이 미묘하게 콕 찔렸다. 바쁘다는 이유로, 혹은 습관처럼 밥을 먹자마자 자리를 훌쩍 떠나던 내 모습이 떠올랐기 때문이다. 나는 함께 식사하는 그 시간만으로도 충분하다고 생각했지만, 사실은 그 뒤에 오는 여운의 시간이야말로 우리에게 더 필요한 순간이었다. '소브레메사'는 그 무엇보다도 여유를 품은 단어였다. 급할 필요가 없는 시간, 말을 굳이 서두르지 않아도 되는 공간. 그 속에서 사람과 사람 사이의 거리는 조금씩 더 가까워진다.

인도네시아어에는 'teman-teman[뜨만뜨만]'이라는 표현이 있다. 'teman'이 친구 하나를 뜻한다면, 'teman-teman'은 그 복수형으로, 여러 친구가 함께 있는 상태를 말한다. 처음 이 단어를 들었을 때, 의미보다도 소리에 먼저 반응하게 되었다. 입안에서 둥글게 굴러가는 발음이 어쩐지 귀엽고 따뜻했다. 같은 단어를 두 번 반복하는 방식이 마치 친구들이 모여 와글와글 웃고 떠드는 소리처럼 들렸다. '뜨만뜨만', 그 울림 속에는 사람이 함께 있다는 기운이 자연스럽게 배어 있다. 경쾌한 리듬과 부드러운 발음 덕분에 입에 올리기만 해도 마음이 말랑해지고, 혼자 있어도 '뜨만뜨만'이라고 중얼거리면 왁자지껄한 분위기가 곁으로 다가오는 듯하다. 이 단어를 들을 때마다 인도네시아 사람들의 밝고 친근한 얼굴이 떠오른다.

영어 표현 중에 'The sky is the limit'이라는 말도 참 좋아한다. 직역하면 '하늘이 한계다'지만, 실제 의미는 그 반대다. '한계는 없다', '가능성은 무한하다'라는 뜻이다. 처음 이 표현을 봤을 때는, 그냥 흔히 쓰는 동기부여 문구쯤으로 생각했다. 벽에 붙은 포스터나 다이어리 표지에 적혀 있을 법한 말이다. 그런데 외국어를 배우는 시간이 길어질수록, 이 짧은 문장이 생각보다 자주 떠올랐다. 공부한 만큼 실력이 오르지 않는 것 같은 날, 머릿속에서는 분명 알고 있는데 입에서 단어가 막히는 날, 그럴 때면 괜히 자신이 작아지고 의욕마저 흔들리기 마련이다. 바로 그런 순간마다 'The sky is the limit'이 떠올랐다. 거창한 설명이나 복잡한 분석 없이도, 그 말 한 줄이 나를 다시 세웠다. '지금은 이만큼이지만, 더 멀리 갈 수 있겠지.' 언젠가 그 하늘 너머까지 닿을 수 있을지도 모른다는 막연한 상상, 그 상상이 주는 여유와 희망이 나를 계속 걷게 하는 힘이 되었다.

다른 언어의 단어들이 주는 감동은, 꼭 그 나라 말을 유창하게 해야만 느낄 수 있는 건 아닌 것 같다. 단어 하나만으로도 충분하다. 누군가는 스쳐 지나갈 수도 있는 말인데, 이상하게 내 마음엔 오래 남는다. '코모레비', '소브레메사', '뜨만뜨만', 'The sky is the limit'처럼. 그 말이 가진 울림과 풍경, 그리고 정서가 말의 틀을 넘어 나에게로 건너온다. 이해보다 먼저 다가오는 건 감각이고, 감각은 곧 감정이 된다.

언어는 가끔 그렇게 사람을 붙든다. 말 한마디가 마음을 잡아끌고, 그 자리에 머물게 한다. 그 단어가 궁금해서, 예뻐서, 더 자주 듣고 싶어서. 이 단순한 이유만으로도 우리는 어느새 한 언어의 문을 두드린다. 그리고 그 작은 발걸음은 언젠가 문장을 만들고, 이야기를 만들며, 결국 다른 사람과의 연결이 된다. 처음엔 단어 하나였을 뿐인데, 그 단어가 나를 그 언어의 세계로 이끌고, 결국 또 하나의 삶의 풍경을 만들어주는 것이다. 언어는 그렇게, 작은 시작이 큰 여정으로 자라는 기적을 품고 있다.

## 3 머릿속에 이미 자리 잡은 외국어

학창 시절에도, 대학 시절에도 외국어를 스쳐 지나간 적은 있었다. 하지만 그때의 공부는 어디까지나 시험을 위한, 점수를 위한 언어였다. 단어장을 펼쳐 기계처럼 외우고, 문법 문제를 맞히기 위해 규칙을 암기했으며, 듣기 시험에서는 녹음된 목소리를 따라가며 정답 번호를 고르는 일이 전부였다. 그 언어는 한 번도 나의 일상이나 감정에 스며든 적이 없었다. 내게 그것은 살아 있는 말이 아니라, 그저 문제집 속에서만 존재하는 풀이 대상일 뿐이었다.

그래서 이번에는 다르게 해보고 싶었다. 시험을 위한 시간표도, 학원의 진도표도 없이, 누가 시켜서가 아니라 오로지 나 스스로 조용히 시작하는 공부. 외국어라는 새로운 세계를 억지로 끌려가듯이 아니라, 기꺼이 스며들며 배워보고 싶었다. 단어 하나, 문장 하나에도 배움의 기쁨이 묻어나길, 그리고 그 기쁨이 오래도록 이어지길, 이번만큼은 진심으로 바라보았다.

그런데 막상 교재를 펼치고 단어들을 들여다보니, 의외로 낯설지가 않았다. 분명 처음 보는 말인데도, 어딘가 모르게 익숙했다. 처음 듣는 것 같은데, 전혀 처음 같지 않은 기분. 마치 어린 시절, 골목 어귀를 지날 때 스쳐 지나간 라디오 소리나 가게 앞 TV 속 대사처럼, 무심히 지나쳤던 언어의 조각들이 내 안 깊숙이 조용히 가라앉아 있었던 것이다.

그 첫 번째 언어가 바로 일본어였다. 일상에서 무심히 주고받던 말들 속에, 일본어는 어느새 은근히 스며들어 있었다.

**[표] 이미 있던 일본어**

| 한국식 발음 | 원어 | 뜻 |
|---|---|---|
| 오마카세 | お任せ<br>[오마카세] | 초밥집에서 셰프에게 메뉴 선택을 전적으로 맡길 때 쓰는 표현으로, "맡기겠습니다"라는 뜻이다. 뭘 먹을지 고민하지 않고 요리사의 손에 모든 걸 위임하는 방식을 말한다. |
| 찌라시 | 散らし<br>[치라시] | 일본에서는 전단지라는 중립적인 의미로 사용되나, 한국에서는 '루머성 정보'나 '출처 불분명한 가짜 뉴스 전단'을 의미하는 부정적인 용어로 쓰인다. |

| 한국식 발음 | 원어 | 뜻 |
|---|---|---|
| 아나고 | 穴子<br>[아나고] | 일본 요리에서 자주 접하는 단어로, 우리말로는 붕장어를 뜻한다. |
| 오케바리 | お決まり<br>[오키마리] | '정하셨나요?'라는 의미로, 본래 식당 등에서 주문을 받을 때 자주 쓰는 표현. 한국에서는 '오케바리'로 발음이 변형되어 '좋다'라는 의미로 쓰인다. |
| 아싸리 | あっさり<br>[앗사리] | 일본에서는 음식의 맛을 표현할 때 주로 쓰이며, 담백하고 산뜻한 맛을 가리킨다. 한국에서는 '차라리'라는 의미로 변형되어 사용된다. |
| 나와바리 | 縄張り<br>[나와바리] | 본래는 동물의 영역이나 세력권을 뜻하며, 일본에서는 '영역', '세력권'을 의미. 한국에서는 범죄 드라마 등에서 '여긴 내 나와바리'처럼 '내 구역'이라는 의미로 자주 쓰인다. |
| 가오 | 顔<br>[카오] | 본래는 '얼굴'을 뜻하지만, '체면', '자존심', '존재감' 등의 의미로 확대되어 쓰인다. |

이 외에도 일본 애니메이션, 드라마, 영화 속에서 귀에 각인되듯 남아 있던 말들이 있었다. 따로 외운 적은 없지만, 장면과 함께 깊이 새겨져 있었다. 정확한 문법이나 구조는 몰랐어도, 말이 가진 억양과 분위기, 말투와 감정의 결은 분명하게 남아 있었다. 어릴 적 자연스럽게 귀에 스며든 이런 언어의 조각들은, 나도 모르게 오랫동안 내 안에서 언어의 씨앗처럼 자리하고 있었던 셈이다.

그렇게 일본어를 본격적으로 배우기 시작하자, 예전에는 스쳐 지나가듯 들리기만 하던 말들이 하나둘 눈에 들어오기 시작했다. 이제는 문맥 속에서 정확한 의미가 있는 언어로 다가왔고, "아, 이게 그런 뜻이었구나" 하는 깨달음이 찾아졌다. 퍼즐 조각처럼 흩어져 있던 단어들이 맞춰지면서, 익숙했던 소리는 이해가 가능한 문장으로 변해 있었다.

스페인어도 예외는 아니었다. 여행 유튜브 영상이나 일상 회화 콘텐츠를 보다 보면, 빠짐없이 반복해서 등장하는 표현들이 있었다.

**[표] 이미 있던 스페인어**

| 한국식 발음 | 원어 | 뜻 |
|---|---|---|
| 바모스 | ¡Vamos! | "가자!"라는 뜻으로, 스포츠 경기 응원 구호, 애니메이션, 영화, 드라마 등에서 자주 들을 수 있는 표현이다. |
| 아미고/아미가 | Amigo/a | "친구"를 뜻하는 말로, 성별에 따라 형태가 달라진다. 영어권에서도 차용되어 널리 알려져 있다. |
| 보니또/보니따 | bonito/a | "예쁜, 아름다운"이라는 뜻의 형용사로, 성별에 따라 형태가 바뀐다. |
| 까사 블랑까 | Casa Blanca | 직역하면 "하얀 집"이라는 뜻이며, 실제로는 미국 대통령 관저인 '백악관'의 명칭이기도 하다. |
| 피에스타 | Fiesta | "축제"라는 뜻으로, 음악 · 축제 영상, 파티 분위기의 광고 등에서 자주 쓰인다. |
| 돈데 에스타 엘 바뇨 | ¿Dónde está el baño? | "화장실이 어디예요?"라는 뜻으로, 여행 회화 콘텐츠나 유튜브 영상에서 자주 등장하는 표현이다. |

이 중 'bonito'는 어릴 적 아버지가 사용하던 계정 이름의 일부이기도 했다. 어린 마음에 그 단어가 무슨 뜻인지

몰랐지만, 가끔 만나는 이 낱말은 늘 아버지를 떠올리게 하는 일종의 상징이었다. 나중에야 새롭게 스페인어를 배우는 과정에서 이 단어를 다시 마주했을 때, 이 단어가 '예쁜, 아름다운'이라는 뜻을 가진 스페인어라는 걸 알았을 때, 아버지가 왜 그 단어를 선택했는지 물어보기도 했다. 아버지는 머쓱한 미소와 함께 그 당시 본인의 사진을 꺼내 보여주셨다. Bonito가 아버지의 젊은 시절을 가르키는 것을 알고 재미있기도 했고, 마음 한켠이 시큰하기도 했다.

중국어도 마찬가지로 배우기 전에는 전혀 모르는 언어일 것 같았지만, 막상 단어와 표현을 접하다 보니 어디선가 들어본 듯한 말들이 하나둘 나왔다. 영화나 뉴스 속에서 스쳐 지나갔던 소리, 길거리 간판이나 제품 포장에서 무심코 봤던 글자들이 뒤늦게 의미를 갖고 다가왔다.

**[표] 이미 있던 중국어**

| 한국어 | 원어 | 뜻 |
|---|---|---|
| 전화 | 电话<br>[뎬화] | '전화를 걸다' 또는 '전화기'를 의미한다. 문자 그대로는 '전기(電)로 말(話)하다'라는 뜻으로, 한국어 '전화'와 같은 한자를 쓴다. |
| 문화 | 文化<br>[원화] | 학문 · 예술 · 종교 · 생활양식 등을 아우르는 개념으로, '글(文)과 교화(化)'라는 의미를 지닌다. 한국어 '문화'와 동일한 한자를 사용한다. |
| 부모 | 父母<br>[푸무] | 아버지와 어머니를 함께 이르는 말로, 한국어 '부모'와 동일한 한자를 쓴다. |

| 한국어 | 원어 | 뜻 |
|---|---|---|
| 지단 | 鸡蛋<br>[지단] | 한국어에서 '지단'은 달걀을 풀어 부쳐내는 요리를 가리키지만, 중국어 '鸡蛋'은 달걀 그 자체를 의미한다. |
| 공통 | 共同<br>[꽁통] | '함께 하다', '같다'라는 뜻을 지닌다. 두 언어 모두 동일한 한자를 사용하며, 의미도 유사하다. |
| 자유 | 自由<br>[쯔요우] | 구속이나 억압이 없는 상태를 뜻하며, '스스로(自) 말미암다(由)'라는 의미를 담고 있다. |
| 화장품 | 化妆品<br>[화쫭핀] | '얼굴이나 피부를 아름답게 꾸미기 위해 사용하는 물품'을 뜻한다. 문자 그대로 풀이하면 '꾸밀 화(化)', '단장할 장(妆)', '물품 품(品)'으로, '꾸미는 데 쓰는 물건'이라는 의미를 담고 있다. 한국어 '화장품'과 동일한 한자를 사용한다. |
| 피부 | 皮肤<br>[피푸] | 사람이나 동물의 겉을 덮고 있는 조직으로, 한국어 '피부'와 한자가 유사하나, '부' 자는 한국어와 다르게 '肤'를 쓴다. |

특히 우리 모두 한 번쯤 흉내 내봤을 중국어, '니츠판러마' 같은 말은 처음엔 그냥 장난스러운 소리였다. 친구들 사이에서 뜻도 모르고, 맥락도 맞지 않게 따라 하며 웃곤 했던 그 말이, 중국어를 배우고 나서야 비로소 "밥 먹었어?"라는 일상적인 인사말임을 알게 되었다.

외국어를 처음 배울 때 우리는 흔히 '아무것도 모르는 상태에서 출발한다'라고 생각한다. 하지만 실제로는 그렇지 않다. 이미 우리의 머릿속에는 낯설지만 익숙한 흔적들이 남아 있고, 그것들이 언제 연결될지 모를 뿐이다. 장난처럼 따라 하던 말투, 무심코 흘려들었던 노랫말, 길거리 간판의 글자 하나가 훗날 학습의 단초가 되곤 한다. 그러니 외국어 학습은 전혀 새로운 시작이라기보다, 오래전 기억의 조각들을 다시 맞추어가는 과정에 가깝다. 그 사실을 깨닫는 순간, 두려움은 줄어들고 기대가 그 자리를 대신한다. 결국 우리는 완전히 낯선 언어 앞에 선 것이 아니라, 이미 머릿속 어딘가에 자리 잡고 있던 언어와 다시 마주한 것이다.

외국어를 배우며 깨달은 점은 단순했다. 언어는 처음엔 거대한 벽처럼 느껴지지만, 실제로는 아주 작은 단어 하나에서 출발할 수 있다는 것이다. 이미 알고 있는 표현에 새로운 낱말을 조금씩 덧붙이다 보면, 언어는 어느 순간 스스로 뻗어나가며 확장된다.

결국 방법은 단순하다. 아는 단어 하나에서 시작하는 것이다. 예를 들어 스페인어 'vamos(가자)'를 알게 되면, 거기에 'vamos, amigo(가자, 친구야)'를 붙이고, 다시 'vamos, amigo, al parque(가자, 친구야, 공원에)'처럼 목적지를 더할 수 있다. 이렇게 익숙한 표현에 새로운 단어를 하나씩 얹어 가다 보면, 문장은 점점 길어지고 상황에 맞게 바꾸어 쓸 수 있게 된다. 그렇게 쌓인 말들이 연결되면서, 어제보다 조금 더 넓고 단단한 외국어가 되어 간다.

## 영어, 일본어, 스페인어를 익힌
## 알뜰한 방법

제3부

# 더 알아가고 싶은 외국어

1. 어떤 언어를 배울까
2. 일본어 – 다시금 싹을 틔운 외국어
3. 스페인어 – 문화인류학적 여행의 시작
4. 영어 – 해야만 했던 외국어
5. 그 외 언어들 – 생활 속에서 연결되는 언어들

# 1 어떤 언어를 배울까

사람들은 외국어를 어떻게 선택할까? 시작은 대개 단순하다. 드라마를 보다 마음에 드는 언어가 생기기도 하고, 친구를 따라 학원에 등록하기도 한다. 여행을 앞두고 부랴부랴 회화를 익히거나, 좋아하는 가수의 발음을 흉내 내다 관심이 깊어지는 경우도 있다. 그러나 가만히 들여다보면, 그 선택 뒤에는 눈에 보이지 않는 질서 같은 것이 숨어 있다.

네덜란드의 사회학자 아브람 드 스완(Abram de Swaan)은 세계 언어를 하나의 질서 속에서 바라봤다. 그는 언어를 단순한 의사소통의 수단이 아니라, 사회적 위치와 영향력에 따라 위계를 가진다고 말한다.

**[표] 언어의 층위**

| 위계 | 의미 | 해당 언어 |
|---|---|---|
| 주변 언어 | 한 나라의 일부 지역이나 소수 공동체에서만 사용되는 언어 | 영국의 웨일스어, 일본에서의 아이누어 등 |
| 중심 언어 | 한 국가 전체에서 공식적으로 사용되며, 행정 · 교육 · 미디어 등에 활용되는 언어 | 대한민국에서의 한국어, 일본에서의 일본어 등 |
| 수퍼 중심 언어 | 여러 나라에서 특정 기능(외교, 종교, 학문 등)을 위해 널리 사용되는 언어 | 프랑스어, 아랍어, 스페인어 |
| 초중심 언어 | 거의 모든 국가에서 다양한 목적으로 사용되며, 국제적으로 가장 영향력 있는 언어 | 영어 |

이 틀로 보면, 우리가 언어를 선택하는 방식은 단순한 취향의 문제가 아니다. 보이지 않는 구조와 질서 속에서 이미 어느 정도 방향이 정해져 있는 경우가 많다. 그래서 사람들은 의식하지 않아도 영어처럼 '먼저 배워야 하는 언어'로 여겨지는 것을 자연스럽게 택하고, 그다음에는 스페인어나 프랑스어처럼 더 넓은 지역에서 쓰이는 언어로 관심을 확장한다.

물론 언어의 선택이 항상 계산된 전략만으로 이루어지는 것은 아니다. 어떤 이는 진학이나 취업, 국제 업무를 준비하는 현실적인 이유로 언어를 배운다. 이는 마치 진로를 위한 지도를 펼치고 계획된 길을 따라가는 것과 같다. 반대로, 누군가는 전혀 다른 이유로 마음이 움직인다.

우연히 본 영화 속 대사 한 줄, 외국인 친구의 인사말, 어린 시절부터 귓가에 맴돌던 발음이 언어 학습의 불씨가 되기도 한다. 결국 언어를 배우기로 하는 선택은 '계획된 길'과 '예상치 못한 울림' 사이 어딘가에서 이루어진다.

언어 사용의 목적과 범위도 사람마다 다르다. 어떤 이는 다언어 사회에서 자라, 자연스럽게 여러 언어를 쓰고, 어떤 이는 잊힌 조상의 언어를 배우며 뿌리를 찾는다. 여행처럼 짧은 체류로 언어를 경험하는 사람도 있고, 배우자나 친구와의 대화를 위해 언어를 익히는 사람도 있다. 또 어떤 이는 연구 · 외교 · 사업 같은 특정 목적을 위해 언어를 배우고, 또 어떤 이는 다양한 생활 영역에서 적극적으로 활용하며 사실상 이중언어 사용자로 기능한다. 언어학자 쿡(Cook, 2009)은 이를 여섯 가지 유형으로 정리했다.

**[표] 외국어 사용자 유형**

| 유형 | 의미 |
| --- | --- |
| 다언어 사회의 구성원 | 여러 언어가 일상에서 공존하는 사회에서 자라며 자연스럽게 여러 언어를 사용하는 사람들 |
| 문화유산 언어 회복자 | 조상의 언어를 잊고 살다가, 뿌리를 찾기 위해 다시 배우는 사람들 |
| 단기 방문자 | 여행 · 단기 연수 · 출장 등으로 외국어 환경에 일시적으로 노출된 사람들 |
| 대인관계 사용자 | 배우자, 친구, 자녀 등 가까운 사람과 소통하기 위해 외국어를 사용하는 사람들 |

| 유형 | 의미 |
| --- | --- |
| 기능적 사용자 | 연구 · 사업 · 외교 등 특정 목적을 위해 국제적으로 활용하는 사람들 |
| 광범위한 기능 사용자 | 다양한 생활 영역에서 외국어를 적극적으로 활용하며 이중언어 사용자처럼 기능하는 사람들 |

외국어 학습의 무대는 다양하다. 전통적으로는 '교실'에서 배우는 경우가 많았지만, 꼭 교실만이 유일한 길은 아니다. 어떤 이는 새로운 나라에 정착하기 위해 언어를 익혀야 하는 의무적 학습자(이민자)이고, 어떤 이는 제도적 커리큘럼을 따라야 하는 학생이다. 또 다른 이는, 외부의 요구가 없음에도 스스로 원해서 배우는 자발적 학습자다. 교실이든 일상 속이든, 학습자의 배경과 동기는 서로 다르다.

이처럼 언어를 배우는 이유는 사람마다 다르지만, 그 이유가 곧 학습의 방향을 정한다. 감정이 불씨가 될 수는 있어도, 언어를 오래 이어가는 힘은 결국 목적에서 나온다. 진로를 위한 도구로 삼을 것인지, 문화와 사람을 이해하기 위한 창으로 삼을 것인지에 따라 접근 방식은 달라진다. 그래서 언어를 선택할 때 가장 중요한 것은 '왜 이 언어를 배우려 하는가'이다. 목적이 분명해질 때, 학습 방법도 자연스럽게 정리된다. 언어는 감정으로 시작해도,

전략으로 완성되는 여정이기 때문이다.

다음 장에서는 내가 어떻게 일본어, 영어, 스페인어, 그리고 그 외의 언어들을 만나게 되었고, 어떤 계기와 마음으로 그 언어들과 인연을 맺게 되었는지를 풀어보려 한다. 언어와의 첫 만남이 어떻게 이어졌는지를 돌아보는 것이, 앞으로의 이야기를 이해하는 데 좋은 출발점이 될 것이다.

## 2 일본어 – 다시금 싹을 틔운 외국어

성인이 되어 영어 공부를 시작했을 때, 나는 곧 막막함에 부딪혔다. 영어 원서를 사서 읽으며 모르는 낱말은 단어장을 만들기도 했고, CNN 뉴스 기사를 꾸역꾸역 읽기도 했지만 실력은 좀처럼 늘지 않았다. 한 걸음 나아간 듯 싶다가도 금세 제자리로 돌아온 기분이었고, 점점 더 깊숙이 미궁 속에 갇히는 듯 답답했다. 계속 이렇게 영어만 붙잡고 있다가는 언어 자체에 대한 흥미마저 잃어버릴 것 같았다.

그때 나는 방향을 바꾸기로 했다. 외국어 자체를 포기하지는 않되, 영어가 아닌 다른 언어를 시작해 보자는 결심이었다. 어떤 언어를 배울지 고민하던 중, 오래전부터 마음속에 남아 있던 일본어가 떠올랐다.

일본어와의 인연은 어릴 적 TV에서 보던 만화 속 '짱

구'에서부터 시작된다. 나와 생김새가 유난히도 닮은 신노스케(짱구)가 하는 일본어 대사를 성대모사 하곤 했다. 그리고 화면 속 번역되지 않은 일본어 글자를 보며 느꼈던 작은 호기심들. 고등학교 때 중국어와 일본어 중 하나를 선택해야 했을 때도 나는 주저하지 않았다. 히라가나 표 첫 줄 'あいうえお'를 또박또박 써 내려가던 순간이 아직도 선명하다.

그 시작은 오래가지 못했다. '왜 하필 일본어냐'라는 시선과, 곧장 '오타쿠'로 연결되던 편견이 여전히 존재하던 시절이었다. 배우는 것보다 배우고 있다는 사실을 드러내는 일이 더 어려웠다. 결국 일본어는 내 일상에서 조금씩 멀어졌고, 좋아하는 마음이 사라진 건 아니었지만 지하철 안내방송처럼 드물게 스쳐 가는 소리로만 남았다.

성인이 되어 다시금 일본어를 학습하려 마음먹었을 때, 처음 느꼈던 즐거움이 다시 살아났다. 일상 곳곳에서 들리는 일본어 표현들이 다시금 반가웠고, 배운 내용을 적용해 보는 재미도 컸다. 무엇보다 일본어는 한국어와 구조적으로 닮은 점이 많아 진입 장벽이 낮았고, 덕분에 학습의 부담도 줄어들었다. 복잡한 문법보다는 말의 흐름을 이해하고 표현을 익히는 데 집중할 수 있었고, 그 과정에서 작은 성취감이 쌓였다. '외국어를 배우는 것이 즐겁다'라는 감각을 되찾게 되는 순간들이었다.

그리고 이 즐거움은 내가 다시 다른 언어로 나아갈 수 있는 계기를 만들어주었다. 흥미를 잃었던 시기에 다시 불씨를 지펴준 언어, 언어를 배우는 즐거움을 처음으로 알려준 언어, 그것이 나에게는 일본어였다.

## 3 스페인어 – 문화인류학적 여행의 시작

스페인어와의 만남은 계획이라기보다는 하나의 사건에 가까웠다. 일본어 공부를 시작한 지 4개월쯤 되었을 무렵, 아내가 문득 제안한 '스페인 한 달살이'에서 시작되었기 때문이다. 갑작스러운 제안이었지만 반가웠다. 코로나로 인해 신혼여행을 제주도로 다녀왔던 우리에게 이번 여행은 결혼 후 처음으로 떠나는 장기 해외여행이었고, 아내와 나 둘 다 새로운 세계에서 살아보는 것에 대한 동경이 있었다.

나는 어릴 적부터 여행에 대해 한 가지 고집이 있었다. 여행은 단순히 유명한 장소를 둘러보는 관광이 아니라, 현지 사람들의 삶 속으로 들어가는 경험, 다시 말해 '문화인류학적 여행'이어야 한다는 것이다. 같은 시간과 비용을 들여도 그 나라를 조금이라도 더 깊이 이해하는 편이 훨씬 값지다고 믿었다.

그런데 돌이켜보면, 이런 고집이 생긴 데에는 현실적인 이유도 있었다. 해외여행은 언제나 큰돈이 드는 일이었고, 평범한 직장인에게는 한 번의 여행이 곧 몇 달 치 저축을 의미했다. 그렇기에 '비싼 돈 주고 단순히 기념사진만 찍고 돌아올 수는 없다'라는 생각이 자연스럽게 자리 잡았다.

비용을 아낀 만큼, 경험은 더 깊어야 했고, 그 경험의 열쇠는 바로 언어였다. 그 나라를 제대로 알고 싶다면, 그들의 언어를 배우는 것만큼 직접적인 방법은 없다. 음식 이름을 정확히 발음하고, 시장에서 상인과 몇 마디를 주고받고, 길을 묻고, 인사를 나누는 것. 그런 평범한 순간 속에야말로 그곳의 진짜 얼굴을 만날 수 있다고 생각했기 때문이다.

그렇게 일본어와 함께 스페인어를 학습하기 시작했다. 하지만 여행을 다녀온 지 6개월 뒤에 일본어 능력시험 JLPT N1을 치를 예정이었기에, 스페인어는 일본어 학습에 비해 후순위로 밀릴 수밖에 없었다. 처음에는 여행을 원활하게 만드는 도구로만 삼아 현실적인 목표를 정했다.

아내가 여행 준비를 하는 동안, 나는 어학연수 준비를 한 셈이다.

다른 외국어와 마찬가지로 스페인어 학습도 큰돈을 들이지 않고 시작했다. 학원이나 과외 대신, 인터넷에서 무료로 볼 수 있는 자료를 활용했다. 특히 영어로 스페인어의 기초를 설명하는 유튜브 영상들을 보면서 알파벳과 기본 낱말과 문장들을 익혀 나갔다. 이미 영어로 된 설명을 어느 정도 이해할 수 있었기에, 굳이 한국어로 번역된 교재에 의존하지 않아도 되었다. 덕분에 별다른 비용을 쓰지 않고도 스페인어와 첫 만남을 이어갈 수 있었고, 이 과정에서 '주머니 얇은 직장인'으로서의 나만의 학습 방식이 점점 자리를 잡아갔다.

사실 고등학교 때 선택 과목으로 함께했던 일본어와 마찬가지로 스페인어도 완전히 낯선 언어는 아니었다. 대학 시절, 교양 수업으로 잠시 스페인어를 배운 적이 있었기 때문이다. 영어와 같은 알파벳을 사용한다는 이유로 가볍게 선택했지만, 별다른 애정 없이 시작한 언어는 금세 흘러갔다. 그저 시험을 목적으로 외웠던 낱말과 문장들은 머릿속을 그저 스쳐 지나갔다. 성적표의 C학점이 그 무심했던 인연의 결말처럼 보였다.

하지만 이번에는 달랐다. 이번 여행이 단순한 여행이 아니라 삶이 되기를 바랐고, 언어는 그 삶 속으로 들어가는 문이었다. 그렇게 나는 다시 스페인어를 펼쳐 들었다. 그리고 이상하리만치 익숙했다. 대학 시절 스쳐 지나갔던 'Hola', 'Gracias', 'Dónde está el baño?' 같은 표현들이 마치 오랫동안 말 걸기를 기다렸다는 듯 머릿속에서 반짝였다.

당시 주변 사람들은 걱정했었다. "지금 JLPT도 준비 중이라며? 왜 굳이 또 다른 언어를 시작해?" 언뜻 보면 무모한 선택이었다. 하지만 스페인어를 공부하지 않는다고 해서 그 시간을 일본어를 공부하는 데 모두 할애하지는 않을 거로 생각했다. 집중력의 문제 때문이었다. 또한 외국어 학습에 전념하기로 했던 다짐은 여전히 유효했기에 스페인어를 함께 배웠을 때 시간이 부족하지 않을 거로 판단했고, 오히려 두 언어를 병행하면 학습에 활기가 더해지고 시야가 넓어질 거라 믿었다.

그 믿음은 여행에서 곧 확인됐다. 바르셀로나 골목에서 "¿Cuánto cuesta?"라고 묻자, 많은 관광객들로 인해 지친 표정을 짓고 있던 점원이 활짝 웃으며 가격을 알려주었다. 네르하에서 프리힐리아나로 가는 버스를 기다리며

이 버스가 맞는지 헤매고 있을 때 인자한 인상을 가진 할아버지에게 "¿Esta atudobús va a Frigiliana?"라고 묻자 목적지로 이동하는 순간까지도 인생 사진을 찍을 수 있는 전망대와 산책로를 소개해 주었다. 꼬르도바에서 동방박사의 날 행사에서는 아이들과 함께 "¡Aquí, aquí!"를 외치며 사탕을 받아 들었다. 이런 순간들이 여행을 단순한 구경이 아닌 살아 있는 경험으로 바꾸어주었다.

스페인어의 매력은 지리적 범위에서도 드러났다. 스페인어는 스페인만의 언어가 아니었다. 멕시코, 아르헨티나, 콜롬비아, 페루 등 수많은 라틴 아메리카 국가에서 쓰이고, 미국에서도 제2의 언어로 자리 잡고 있는 '수퍼 중심 언어'였다. 이렇게 넓고 다양한 언어 생태계는, 일본어능력시험 준비로 스페인어 학습을 후순위로 둘 수밖에 없었던 상황에서도 나를 계속 끌어당겼다. 처음에는 여행을 원활하게 만드는 도구로만 생각했지만, 공부를 이어갈수록 그 자체로 탐험하고 싶은 세계가 되어 갔다.

돌이켜보면, 스페인어는 완전히 새로운 만남이 아니었다. 대학 시절 흘려보낸 단어들이 다시 살아났고, 이번에는 여행이라는 맥락 속에서 나를 붙잡았다. 억지로 외운 언어가 아니라 삶 속에서 다시 의미를 얻은 언어. 스페인어는 그렇게 내게 문화인류학적 여행을 가능하게 해준 언어가 되었다.

여행이 끝난 뒤에도 그 인연은 계속 이어졌다. 스페인이나 라틴 아메리카 사람들과 대화를 나눌 때마다 "동양인인데 어떻게 이렇게 스페인어를 하냐"라는 놀라움 섞인 반응을 들었고, 그것은 내게 큰 격려가 되었다. 언어를 배운다는 것은 단순히 새로운 표현을 익히는 일이 아니라, 다른 문화권 사람들에게 존중과 관심을 전하는 일이라는 사실을 그들의 눈빛에서 확인할 수 있었다.

그래서 스페인 한 달살이가 끝난 후에도 나는 여전히 매일 조금씩 단어를 적고, 영상을 보고, 짧은 대화를 시도한다. 단순히 언어를 유지하려는 노력이 아니라, 언젠가 또 다른 문화인류학적 여행을 떠날 수 있으리라는 기대 때문이다. 아직 가보지 못한 중남미의 도시와 마을, 그리고 그곳에서 만날 사람들과의 대화를 꿈꾸며 나는 지금도 스페인어를 이어가고 있다.

## 4 영어 – 해야만 했던 외국어

영어와의 첫 기억은 내 생일날의 풍경이다. 케이크에 촛불이 켜지고, 친척 형 · 누나들이 노래를 부르기 시작했다. 평소라면 익숙한 "생일 축하합니다"가 흘러나올 차례였는데, 그날은 달랐다. 같은 멜로디에 낯선 소리가 실려 왔다. "Happy birthday to you…" 몇 살 차이 나지도 않는 형 · 누나들이 영어로 노래를 부르는 모습이 왠지 더 멋지고 어른스럽게 보였다. 나는 무슨 뜻인지 전혀 알지 못했지만, 속으로는 열심히 따라 흉내 내고 있었다. 그게 영어라는 사실조차 모르고서.

그것이 내 기억 속 가장 오래된 영어였다. 이후에도 TV 광고나 팝송, 만화 주제가 속에서 영어 단어 몇 마디쯤은 흔히 들렸지만, 그것들은 그저 배경음처럼 흘러갔다. 학교에 들어가면서 비로소 영어는 하나의 '놀이'가 되었다.

알파벳을 따라 쓰고, 선생님이 동작을 섞어 가르쳐주는 단어를 따라 하며 깔깔 웃었다. 그때까지만 해도 영어는 새롭고 신나는 세계였다. 하지만 중학교에 들어서자 분위기는 금세 달라졌다. 매주 이어지는 단어 시험, 문법 문제집, 교과서 지문 암기…. 영어는 곧 '성적을 위한 과목'이 되었다. 점수에 따라 기뻐하거나 불안해하며, 왜 배우는지 묻지도 못한 채 그저 해야만 하는 일이 되어 버렸다.

그럼에도 가끔은 마음을 흔드는 순간이 있었다. 교과서 본문을 읽어주시던 선생님의 또렷하고 부드러운 발음. 사투리 섞인 일상 목소리와는 다른 울림에, 언젠가 나도 저렇게 말할 수 있으면 좋겠다는 막연한 꿈이 피어났다. 그 무렵에는 영어 선생님이 되고 싶다는 꿈까지 품었으니, 그만큼 영어는 내게 특별한 의미였다. 하지만 수능 준비가 시작되면서 영어는 다시 차갑고 높은 벽이 되었다. 밤늦게까지 문제집을 풀고, 듣기 평가 음원을 수십 번 돌려 들었지만, 정작 뉴스 속 영어는 잡히지 않았고 영화 자막 없이는 한마디도 들리지 않았다. 그때 처음 뼈저리게 느꼈다. 나는 영어를 '배운 게 아니라, 시험 푸는 법만 익힌 거구나.'

이 좌절은 오래 남았다. 그렇게 많은 시간을 쏟았는데

도 진짜 영어는 여전히 멀게만 느껴졌다. 아마 유학 경험 없이 한국에서만 공부해 온 토종(?) 한국인이라면 비슷한 기억을 가지고 있을 것이다. 그래서 내게 영어는 '억지로 해야만 했던 언어'로 자리 잡았다.

그럼에도 영어는 끝내 내 곁을 떠나지 않았다. 특히 여러 나라 교사들이 한자리에 모였던 순간이 아직도 선명하다. 각기 다른 모국어를 가진 사람들이었지만, 영어를 활용하며 누구와도 자연스럽게 소통이 가능했다. 학문적으로는 이런 현상을 '링구아 프랑카(Lingua Franca)'라고 부른다. 특정 언어가 모국어가 아닌 사람들 사이에서 공통의 의사소통 수단으로 쓰이는 것을 뜻하는데, 오늘날 그 역할을 영어가 맡고 있다. 그래서 다른 언어를 배울수록, 영어야말로 가장 넓은 세계로 향하는 입구라는 사실이 분명해졌다.

그러다 보니 학습 방식에서도 변화를 주게 되었다. 한국어로 된 외국어 강의보다, 일석이조를 위해 영어로 진행되는 학습 영상을 더 자주 찾아보곤 한 것이다. 일본어나 스페인어를 배우면서 동시에 영어 표현까지 익히는 기회가 되었고, 영어는 억지로 외워야 하는 시험 과목을 넘어 또 다른 언어를 배우는 매개 언어로도 자리 잡았다.

돌아보면, 학창 시절의 영어 공부가 전혀 의미 없던 것은 아니다. 억지로 외웠던 단어들, 시험을 위해 반복해서 쓴 문장들, 알아듣지 못하면서도 귀 기울였던 순간들. 그 모든 흔적이 나중에 다른 언어를 배우는 밑거름이 되었다. 처음에는 벽만 남은 줄 알았지만, 그 벽 위에 남은 자국들이 결국 또 다른 세계로 향하는 첫걸음이었다. 모든 시작이 빛날 필요는 없다. 때로는 억지로 지나온 시간이 훗날 새로운 길을 여는 열쇠가 되기도 한다는 것을, 영어가 내게 가르쳐주었다.

## 5 그 외 언어들
## – 생활 속에서 연결되는 언어들

어떤 언어는 '이제부터 배우자'라는 결심과 함께 시작되지만, 또 어떤 언어는 계획표에 없는 채로 삶의 틈 사이로 슬며시 스며든다. 문득 내 앞에 나타나 조용히 말을 걸어오는 언어들. 내게는 중국어와 인도네시아어가 그랬다.

중국어는 스페인 여행 도중 시작된 불쾌함에서 비롯됐다. 여행지에서 외국인들이 우리를 보고 "China? China?"라고 소리 지르며 가는 경우들이 있었다. 처음에는 무척이나 불쾌했다. 길을 지나가는 다른 서양 관광객들에게는 이처럼 소리 높여 어느 나라 사람인지 물어보지 않으면서, 우리에게 이렇게 행동하는 것은 인종차별이라는 생각까지 들었다. 하지만 이상하게도 그 질문이 반복될수록 묘한 감정이 생겼다. '왜 자꾸 우리를 중국인으

로 보는 걸까?'

곰곰이 생각해 보니, 어쩌면 당연한 일이었다. 인구 14억 명에 달하는 세계 최대 인구 국가이자, 최근 수년간 해외여행 수요가 급증한 나라이기 때문이다. 2024년 한 해 동안 중국 본토 주민의 해외 출국객 수는 무려 1억 4,589만 명에 달했다*고 한다. 중국은 단체 관광뿐 아니라 개별 자유여행, 유학생, 출장자 등 다양한 형태로 세계 곳곳을 누비며 국제적 존재감을 드러내고 있었다.

내가 방문한 스페인 역시 유럽에서 중국 관광객들이 선호하는 나라 중 하나였다. 유명 명소 앞에서는 중국어 안내판이 어렵지 않게 보였고, 대형 기념품 가게에는 중국어를 구사하는 점원도 있었다. 단지 외모가 비슷해서만이 아니라, 실제로 중국인은 세계 어느 곳에서나 흔히 만날 수 있는 사람들이었고, 나 역시 그 거대한 흐름 속에 자연스럽게 섞여 든 셈이었다.

그렇게 '왜 자꾸 중국인으로 보지?'라는 물음은 '중국인들이 정말 세계 곳곳에 많구나'라는 깨달음으로 바뀌었다. 그리고 관심은 자연스럽게 그들의 언어, 중국어로

---

* 한국관광데이터랩(2025), 중국 관광업계 동향(2025년 3월 1차).

향했다. '그렇다면 중국어 몇 마디쯤은 알아두는 것도 좋지 않을까?'

내가 알고 있는 중국어라곤 간단한 인사말과 의미도 모른 채 장난스럽게 써왔던 몇 문장이 전부였다. 하지만 일본어와 마찬가지로 한자를 공유한다는 사실은 진입 장벽을 낮춰 주었다. 일본어 학습 덕분에 한자가 낯설지 않았고, 발음이 한국어나 일본어와 비슷한 단어도 있어 학습이 한결 수월했다. 예를 들어, 중국어 '学校[쉐시아오]'는 일본어 '学校[갓코우]'와 한국어 '학교'가 연결되어 있었고, '전화[디앤화]' 역시 세 언어에서 비슷한 형태로 쓰였다.

인도네시아어는 조금 더 직접적인 계기로 시작됐다. 해외 연수 프로그램을 통해 인도네시아 초등학교 교사들을 만나는 기회가 생긴 것이다. 연수 출발 전, 자카르타 한국학교에서 근무했던 이창근 선생님이 인도네시아어 학습책 두 권을 추천해 주셨다. 나는 두 달 동안 매일 30분씩 그 책을 보며 기초 표현을 익히고, 영어 화자를 대상으로 한 인니어 유튜브 강의를 가끔 시청했다.

그 정도 준비로는 인도네시아에 가서 인니어만으로 대

화하는 것은 불가능했다. 심지어 내가 먼저 말을 꺼내는 것도 쉽지 않았다. 하지만 6일간 현지에서 생활하며, 자카르타 한국학교에서 3년간 생활했던, 함께 이번 연수 프로그램에 참여한 한국 선생님이 옆에서 알려주는 표현과 연수생들과의 대화를 통해 반복적으로 나오는 단어와 문장을 빠르게 습득할 수 있었다.

특히, 인니어는 영어와 스페인어와의 유사성이 있어 초반 학습이 한결 수월했다. 예를 들어, 인니어 'informasi(정보)'는 영어 'information', 스페인어 'información'과 비슷했고, 'universitas(대학교)' 역시 영어 'university', 스페인어 'universidad'와 닮아 있었다. 이런 단어들을 마주할 때마다 '아, 이미 알고 있던 단어구나'라는 안도감이 들었다.

무엇보다 상대방이 내가 인니어로 인사를 건넸을 때 짓는 놀라움과 반가움의 표정은 잊을 수 없다. 심지어 일부 연수생은 한국어를 조금 할 줄 알았고, 나 역시 인니어를 배우려는 태도를 보였기에, 서로의 문화를 존중하는 분위기가 만들어졌다. 그때 다시금 확인했다. 영어라는 공용어로도 소통은 충분히 가능하지만, 상대방의 모국어로 건네는 한마디가 주는 온기는 훨씬 더 크다는 것을.

아마 누구나 한두 번쯤은 언어를 배울 계기를 만난 적이 있을 것이다. 여행지에서 마주친 현지인의 미소, 외국 노래 가사 속 한 구절, 혹은 자막 없이 보고 싶었던 드라마 한 편. 계기와 인연은 사람마다 다르지만, 분명 마음 속 어딘가에 흔적을 남긴다. 문제는 그 흔적을 그냥 흘려보내느냐, 아니면 붙잡아 살을 붙이느냐다. 중국어도, 인도네시아어도 내게는 그렇게 불쑥 찾아왔다. 처음엔 단어 몇 개, 인사 한마디뿐이었지만, 그 작은 말들이 우리를 잇는 다리가 되었다.

모든 인연을 다 붙잡아 모든 언어를 배울 필요는 없다. 하지만 여행지에서의 미소, 공항에서의 짧은 인사, 오래 전에 접한 단어가 문득 떠오르는 순간이 있다면, 그것만으로도 언어는 다시 우리 삶에 스며든다. 학원에 다니지 않아도, 생활 속 작은 계기를 붙잡아 살을 붙여 나가면 된다. 그렇게 연결된 언어들이 모여, '주머니 얇은 직장인'에게도 다국어 FLEX는 충분히 가능해진다.

제4부

# 알뜰 직장인의 외국어 루틴

## 1 우선순위 세우기

"올해는 꼭 외국어를 배우겠다."

많은 사람이 새해 다짐으로 이런 목표를 세운다. 하지만 몇 달이 지나면 그 다짐은 흐릿해지고, 다시 언젠가로 미뤄진다. 왜일까?

나 역시 매년 연말이면 다짐 리스트를 적었다. 다이어트, 50권 독서, 아침형 인간 되기…. 적는 순간만큼은 삶이 한 단계 업그레이드될 것 같았다. 그러나 현실은 달랐다. 몇 주 지나면 내가 무엇을 다짐했는지도 잊었고, 목표는 조용히 사라졌다. 냉장고에 붙여놓은 목표 리스트는 시간이 지날수록 실천하지 못한 것들의 목록이 되었고, 남은 건 애매한 죄책감뿐이었다.

지금 돌아보면, 그 많은 다짐이 실패로 돌아간 이유는 꽤 단순했다. 그것들이 내 삶에서 진짜로 중요한 일이 아니었기 때문이다. ‘하면 좋을 것 같아서’, ‘남들도 하니까’라는 가벼운 이유로 세운 목표들은 마음의 중심에 닿지 못했고, 결국 우선순위에서도 밀려났다. 진심에서 우러나지 않은 계획은 방향을 잃기 마련이고, 중심이 없는 목표는 오래가지 못한다.

하지만 외국어를 배우기 시작하면서 상황은 달라졌다. 다양한 언어를 통해 새로운 가능성을 마주한다는 사실이 나를 움직였고, 그 안에서 이전에는 느껴보지 못한 묘한 평온이 찾아왔다. 외국어 학습을 삶의 우선순위로 삼으며 얻은 이 단단한 평정심이야말로, 내가 얻은 가장 큰 변화였다.

워런 버핏은 이렇게 말했다.

“가장 중요한 일 다섯 가지를 제외한 모든 일은 하지 마라.”

처음엔 이 말이 꽤나 극단적으로 느껴졌다. 세상에는 해보고 싶은 것도 많고, 소소하지만 즐거운 일들도 넘쳐나는데, 그 모든 걸 제쳐두고 다섯 가지만 하라니. 하지만 시간이 흐르면서 이 말이 품고 있는 통찰이 점점 더 크게 다가왔다. 외국어는 단기간 몰입으로 끝낼 수 있는 공부가 아니다. 매일 시간을 내어 조금씩 쌓아야만 실력이 붙는다. 그런데 만약 '하지 말아야 할 일'을 걸러내지 못한다면, 그 작은 누적의 시간이 가장 먼저 무너져 버린다.

사실 우리의 시간을 빼앗는 건 큰 사건이나 특별한 방해물이 아니다. '잠깐 휴대폰 알림만 확인하자', '5분만 SNS를 보자', '조금만 더 눕자' 하고 시작한 작은 행동들이 쌓여 어느새 몇 시간을 흘려보내곤 한다. 하지만 이 사소한 일들에 시간을 빼앗기는 순간, 언어처럼 오랜 투자와 꾸준함을 요구하는 공부는 우선순위에서 밀려날 수밖에 없다. 그래서 버핏의 말은 단순한 투자 철학이 아니라, 외국어 학습에도 그대로 적용된다. 외국어를 중심에 두겠다면, 수많은 다른 하고 싶은 일로부터 내 시간과 에너지를 지켜내야 한다.

나는 특별히 언어에 재능이 있는 사람이 아니다. 다만, 다른 사람들과의 차이가 있다면, 외국어를 '나중에 하면 좋을 일'이 아니라 '오늘 반드시 해야 하는 일'로 자리매김했다는 사실이다. 그것 하나가 결과를 바꾸었다.

외국어 학습은 단순한 결심이 아니라 우선순위를 재정렬하는 일이다. 그 순간부터 외국어는 취미가 아니라 삶을 지탱하는 중심축이 된다. 물론 모든 날이 만족스러운 것은 아니다. 단어가 머리에 들어오지 않고, 자막 속도를 따라가지 못하는 날도 있다. 그러나 중요한 건 다시 돌아올 수 있는 힘이다. 그것은 외국어가 여전히 내 삶의 우선순위로 남아 있기 때문에 가능한 일이다.

## 2 자투리 모으기

많은 사람들이 외국어를 배우고 싶어 한다. 출퇴근길에 학습 앱을 깔고, 주말엔 한두 강의라도 보겠다고 다짐한다. 하지만 막상 하루가 끝나면 피곤함이 앞서고, 다음 날로 미뤄진다. 주말에는 밀린 집안일이나 약속이 생기고, 어느새 한 주가 훌쩍 지나간다. 그럴 때마다 우리는 스스로에게 이렇게 말한다.

"시간이 없어서 어쩔 수 없지."

어쩌면 '없다'기보다 '새고 있다'라는 말이 더 정확할지도 모른다. 스마트폰을 들고 무심코 SNS를 넘기고, 점심시간엔 유튜브 알고리즘을 따라가다 보면 한 시간이 금세 지나간다. 시간이 없다고 말하기 전에, 새어 나가고 있는 자투리 시간이 없는지 한 번쯤 들여다볼 필요가 있다.

나 역시 그랬다. 언제나 시간이 부족하다고 느꼈지만,

정작 하루의 흐름을 자세히 들여다본 적은 없었다. 그래서 스마트폰의 각 애플리케이션별 '사용 시간' 기능을 확인해 봤다. '일별 보기'에서는 시간대별 사용 시간과 실행 횟수를, '주별 보기'에서는 요일별 사용 패턴을 볼 수 있었다. '인스타그램' 사용 기록을 확인하는 순간 깜짝 놀랐다. 출퇴근길마다 열어보고, 하루에만 1시간 넘게 20회 이상 접속하고 있었던 것이다. 평소에도 습관적으로 인스타그램을 사용하며 시간을 낭비한다고 느끼긴 했지만, 막연한 인식이 수치로 드러나자 생각보다 훨씬 심각하다는 걸 깨달았다.

이 경험을 계기로, 일상 속에 숨어 있던 자투리 시간을 의식적으로 살펴보기 시작했다. 대중교통을 타고 출퇴근할 때, 친구와의 약속 장소에 일찍 도착했을 때, 샤워를 하거나 설거지를 할 때, 청소기를 돌리는 시간까지. 평소에는 그냥 흘려보내던 순간들이었다.

그제야 '시간이 없어서 공부를 못 한다'라는 말이 얼마나 허망한 변명인지 깨달았다. 이 자투리 시간들을 학습으로 바꿀 수 있다면 하루 한 시간 이상의 공부 시간을 자연스럽게 확보할 수 있을 것이라는 확신이 생겼다.

언어 학습은 마라톤처럼 길고도 꾸준한 여정이다. 직장인에게는 긴 집중의 시간을 마련하기 어려운 만큼, 일상 속 빈틈을 포착하는 일이 더욱 중요하다. 잠깐의 순간들이 모여 하루를 채우고, 그 하루가 쌓여 외국어가 서서히 몸에 스며든다.

다음 장에서는 이렇게 모은 자투리 시간을 실제 학습으로 이어가는 구체적인 루틴을 소개하려 한다. 작은 틈을 어떻게 엮느냐에 따라, 하루는 전혀 다른 의미를 지닌 시간이 된다.

## 3 나만의 루틴 만들기

어릴 적 여름방학이 시작되면 으레 생활 계획표를 만들곤 했다. 아침 8시에 기상, 9시에 독서, 10시에 학원, 오후에는 친구들과 놀기…. 빽빽하게 채워진 칸들을 바라볼 때는 무언가 대단한 삶이 펼쳐질 것 같았다. 하지만 막상 방학이 시작되자 이 계획표는 금세 게으른 생활을 드러내는 증거가 되었고, 나의 편이라기보다 부모님의 요구를 대변하는 도구가 되어 버렸다. 지키지 못할 약속을 스스로에게 반복하는 일이 싫어져, 어느 순간부터는 계획표 자체를 만드는 일에 마음이 닫혔다.

그때는 '계획을 세운다'라는 것과 '루틴을 만든다'라는 게 어떻게 다른지 몰랐다. 계획표는 해야 할 일을 적어두는 데 그치지만, 루틴은 그 일을 자연스럽게 반복하도록 만드는 습관이다. 나는 해야 할 일만 잔뜩 써놓고, 그 일을 계속할 수 있는 흐름이나 리듬을 만들지 못했다. 그래서 계획표에 적힌 시간표는 현실과 맞지 않았고, 내 하루의 리듬과도 어긋났다. 결국 그 계획은 머릿속이나 종이 위에서만 완벽한 계획으로 남았다.

외국어 학습을 시작할 즈음, 초등학교 교사로서 나는 학생들의 수업을 준비하면서 '루틴이 있어야 수업이 안정된다'라는 걸 느끼고 있었다. 정해진 순서와 반복되는 흐름이 있으면 아이들이 다음에 무엇을 할지 예측할 수 있어 불안해하지 않고, 교사인 나 역시 즉흥적인 대응보다 수업의 흐름을 자연스럽게 이어갈 수 있었기 때문이다.

그래서 외국어 공부를 시작할 때도 루틴을 만들어보기로 했다. 자전거를 타고 출근하는 때는 전날 밤에 본 스페인어 팟캐스트를 자막 없이 귀로만 들으면서 쉐도잉을 하거나, 일찍 출근해서 아침에 남는 시간에는 새롭게 학습을 시작한 중국어로 된 5분 내외의 짧은 이야기를 보며 듣는 습관을 만들었다. 이런 작은 습관들이 하나씩 쌓이자, 그제야 비로소 '꾸준히 이어갈 수 있는 지속 가능한 계획'이 완성되었다.

**나의 하루 루틴**

- ▶ 아침 샤워: 영어로 심슨 시리즈 시청
- ▶ 머리 말릴 때: 시청 중 나온 모르는 단어 사전 검색 및 저장
- ▶ 출근길: 전날 밤 본 스페인어 팟캐스트를 자막 없이 들으며 쉐도잉
- ▶ 출근 후 짧은 공백 시간: 5분 내외의 중국어 짧은 이야기 보며 듣기
- ▶ 퇴근길: 너무 피곤한 날은 외국 노래 듣기
- ▶ 운동할 때: 영어 팟캐스트 듣기
- ▶ 여가 시간: 영어·일본어·스페인어로 된 드라마, 영화, Vlog 보기
- ▶ 잠들기 전: 여러 번 반복 시청한 외국어 작품 다시 보기

심리학자, 로이 바우마이스터는 '결정 피로(decision fatigue)'라는 개념을 말한다. 사람은 하루에 내릴 수 있는 의사결정의 양이 한정되어 있고, 선택이 많아질수록 판단력은 줄어든다. 매일 "오늘은 뭘 할까?"라는 고민을 반복하면, 정작 학습에 쓸 에너지가 빠져나가고 만다. 루틴은 이 문제를 해결한다. 이미 정해진 흐름에 몸을 맡기면, 고민하는 데 쓰던 힘을 온전히 학습에 쓸 수 있다.

새로운 언어는 익숙해지기까지 많은 에너지를 요구하기 때문에, 학습 방식이 매번 달라지면 정작 내용보다 '지금 무엇을 해야 하나'를 파악하는 데 더 많은 자원을 쓰게 된다. 반대로 일정한 루틴이 자리 잡으면, 인사나 간단한 발음 워밍업, 전날 배운 표현 복습, 새로운 표현 학습, 짧

은 대화 연습 등 활동이 익숙한 순서로 이어져 흐름이 안정된다. 이렇게 되면 절차를 고민하는 대신, 언어 그 자체에 몰입할 수 있다. 교육 심리학에서 말하는 '인지적 부하(cognitive load)'를 줄이는 효과다. 학습 환경이나 절차에 적응하는 데 드는 부담이 줄어들면, 남은 에너지를 온전히 언어 습득에 쏟을 수 있다.

나 역시 외국어 학습 루틴을 갖추고 나서야 이전보다 훨씬 덜 흔들리는 자신을 발견했다. 매일 "오늘은 뭘 할까, 언제 할까, 얼마나 할까"를 고민하는 대신, 이미 정해진 흐름 속에서 학습에 몰입할 수 있었고, 그 덕분에 남은 에너지를 표현 연습과 이해 확장에 온전히 사용할 수 있었다. 루틴은 마치 일정한 박자처럼 나를 지탱하는 리듬이 되었고, 하루의 흐름 속에서 자연스럽게 언어를 오래 곁에 두게 만드는 힘이 되었다.

어느 연구에 따르면, 새로운 습관이 자리를 잡는 데 평균 66일이 걸린다고 한다. 하지만 빠르게 습관을 만드는 것보다 더 중요한 것은 나에게 맞는 루틴을 찾는 일이다. 모든 사람에게 똑같이 맞는 루틴은 없다. 익숙하고, 오래 지속할 수 있으며, 무리 없이 이어갈 수 있는 구조여야 한다. 루틴은 완벽할 필요가 없다. 그저 다시 돌아올 수 있는 틀, 언제든 이어갈 수 있는 길이면 충분하다. 외국어 학습도 마찬가지다. 오늘은 놓쳤더라도 괜찮다. 내일 다시 그 자리에 앉을 수 있다면, 그것이 바로 지속의 힘이고, 결국 언어를 내 것으로 만드는 길이다.

## 4 작지만 소중한 성공의 기쁨

내 삶의 자투리 시간마저도 언어 학습으로 채워 넣는 일은 결코 쉽지 않다. 퇴근 후의 피곤한 몸, 해야 할 집안일, 잠깐의 휴식 욕구 사이에서 "이렇게까지 해야 하나?"라는 생각이 들 때가 많다. 지금 이 책을 읽는 누군가도 이렇게 살 바에야 한국어만 충실히 하겠다며 책을 덮어 버릴지도 모른다. 그렇다면, 그 마음의 벽을 어떻게 무너뜨릴 수 있을까?

나는 작지만 소중한 성공의 기쁨을 자주 느껴보길 제안한다. 크고 거창한 목표 대신, 눈앞의 작은 성취를 통해 동기를 회복하는 것이다. 이제 그 과정을 매슬로의 욕구 단계 이론(Maslow's hierarchy of needs)을 통해 살펴보자.

매슬로의 욕구 단계 중 가장 높은 것은 '자아실현의 욕구'이다. 외국어를 완벽하게 익혀 세계 곳곳의 사람들과 소통하고, 그들의 문화와 사고방식을 이해하며, 자신만의 언어적 정체성을 확장하는 일. 이것이 언어 학습의 궁극적 목표일 것이다. 하지만 이런 거대한 성취를 처음부터 꿈꾼다면 공부는 멀고 답답하게 느껴질 가능성이 높다. 큰 산을 앞에 두고 막막해지는 마음처럼 말이다.

따라서 '생리적 욕구 → 안전 욕구 → 소속과 사랑의 욕구 → 존경의 욕구 → 자아실현의 욕구' 순으로 단계적인 작은 성공의 목표를 세우며 나아가 보자. 가장 기본적인 의사소통에서 출발해, 관계를 형성하고, 존중받는 언어 사용으로 발전하며, 마지막에는 언어로 자신을 확장하는 여정이 될 것이다.

언어 학습의 출발점은 생리적 욕구의 충족이다. 인간이 음식이나 물, 잠을 필요로 하듯, 낯선 나라에 도착했을 때는 기본적인 생존을 위해 언어가 필요하다. 스페인 여행을 준비하던 한 지인은 "이거 얼마예요?", "화장실이 어디예요?", "물 좀 주세요." 같은 문장을 열심히 외우고 있었다. 이는 단순히 말의 기능을 익히는 일이 아니라, '살아남기 위한 최소한의 의사소통 능력'을 갖추는 과정이었다. 이런 표현을 사용할 수 있게 되었을 때 느끼는 안도감은, 마치 생리적 욕구가 충족될 때의 안정감과도 같다.

'이 언어로도 살아갈 수 있겠구나' 하는 확신은 바로 그 첫 단계에서 비롯된다.

언어 학습의 다음 단계는 소속과 사랑의 욕구다. 생존을 위한 표현을 넘어서, 사람들과 연결되고 싶은 마음이 언어를 더 깊이 배우게 만든다. 일본에 출장을 갔을 때 내 서툰 일본어 인사에도 "日本語本当に上手ですね。(일본어 정말 잘하시네요!)" 하고 일본 선생님들이 웃어주었을 때, 낯선 도시가 조금은 내 편이 된 것 같았다. 언어를 통해 타인의 마음에 다가가고, 공동체의 일부로 받아들여질 때 비로소 '말이 통한다'라는 말의 진짜 의미를 깨닫게 된다.

세 번째는 존중의 욕구다. 이제는 단순히 말이 통하는 데서 멈추지 않고, '잘 말하고 싶다', 그리고 인정받고 싶다는 마음이 생긴다. 영어로 생각을 자연스럽게 표현하고, 현지인처럼 말하고 싶은 욕구다. 어느 날 해외 워크숍에서 동료 교사와 대화를 나누던 중, 그가 웃으며 이렇게 물었다. "Did you study abroad?" 그 순간 잠시 말을 잃었다. 그가 한 질문은 단순한 호기심이 아니라, 나의 영어가 유학을 다녀온 사람처럼 들린다는 칭찬이었기 때문이다. 마음속에서는 오래 묵은 노력이 인정받은 듯한 뿌듯함이 차올랐다. 그날 이후, 나는 문법 한 줄이나 발음 연습조차도 '나를 표현하는 힘'을 키우는 과정으로 느껴졌다. 어제보다 자연스러운 억양, 더 정확한 어휘 선택, 그리고 한 문장 완성에 담긴 집중은 단순한 기술이 아니라 스스로를 세워가는 자존감의 증거가 되었다.

한국에는 '티끌 모아 태산'이라는 속담이 있다. 먼지처럼 작은 성취라도 꾸준히 쌓이면 결국 커다란 산이 된다는 뜻이다. 흥미롭게도 이런 의미는 다른 언어와 문화에도 공통적으로 나타난다. 예를 들어, 영어에는 'Rome wasn't built in a day'라는 표현이 있다. 위대한 로마 제국도 하루아침에 세워진 것이 아니라는 뜻으로, 어떤 성취든 꾸준한 노력과 시간이 필요하다는 교훈을 전한다. 스페인어에도 유사한 속담이 있다. 'De granito en granito, la gallina llena el buche.' 암탉이 배를 채우기 위해 모이를 한 알 한 알 먹듯, 작은 축적이 모여 결국 큰 결과를 만들어낸다는 의미다. 문화는 달라도 메시지는 같다. 작은 노력이 모여 큰 성취를 만든다는 보편적 진리다.

외국어 학습도 마찬가지다. 오늘 외운 단어 다섯 개, 자막 없이 이해한 문장 하나, 주말에 따라 말해 본 짧은 회화 몇 줄. 이 작은 시도들이 쌓여 언젠가 언어라는 산을 이루고, 우리는 그 산을 넘어 또 다른 세계를 만난다. 나

또한 이런 작은 성취가 쌓이며 콜롬비아, 일본, 인도네시아 교사들과 교류할 기회를 얻었고, 해외 연수와 출장의 문을 열 수 있었다.

놀라운 점은, 이런 기회들이 완벽한 유창함에서 비롯된 것이 아니라는 사실이다. 문법이 틀리고 발음이 어색해도, 말이 막히고 표현이 서툴러도, 상대방은 그것을 부족함이 아니라 진심으로 받아주었다. 나를 세상과 이어준 것은 완벽함이 아니라, 멈추지 않는 시도와 그 속에 담긴 진심이었다.

그래서 나는 외국어 학습의 성공을 이렇게 정의한다. 완벽한 유창함이 아니라, 어제의 나와 비교했을 때 아주 조금이라도 달라졌다면 그것이 곧 성공이다.

**나의 작은 성공의 경험들**

- ▶ 집 안 곳곳에 붙여둔 외국어 단어 포스트잇을 하나씩 떼어낼 때 느끼는 성취감
- ▶ 몇 달 전엔 전혀 못 알아듣던 드라마가 이제 자막 없이도 귀에 들어오는 순간
- ▶ 학습 앱에서 '연속 학습 ○일 달성' 배지를 받을 때 느끼는 뿌듯함
- ▶ 외국어 책을 읽을 때 사전을 찾는 횟수가 줄었음을 깨달은 순간
- ▶ 처음으로 외국어로 꿈을 꾸고, 아침에 일어나 그 내용을 또렷하게 기억했을 때
- ▶ 서툰 발음에도 불구하고 외국인과 대화를 나누며 웃음을 공유한 경험

## 5 조금 더 큰 성공의 기쁨 맛보기

작은 성공이 학습의 원동력이라면, 시험이나 자격증은 그 노력이 쌓여 나타나는 눈에 보이는 증거다. 물론 외국어 시험이 학습의 최종 목적은 아니다. 점수나 합격을 위해 문제집만 파고드는 공부는 오래가지 못한다. 그러나 시험은 지금까지의 여정을 점검하고, 자신이 어디쯤 와 있는지를 확인하게 하는 '이정표'로 기능한다.

심리학자 데시(Deci)와 라이언(Ryan)이 말한 자기결정이론(Self-Determination Theory)에 따르면, 인간은 자율성 · 유능성 · 관계성의 욕구가 충족될 때 더 깊이 몰입한다. 시험이나 자격증은 바로 이 중 '유능성(competence)'의 욕구를 채워준다. 눈에 보이는 결과가 스스로의 성장에 대한 확신을 강화해 주기 때문이다. 단, 그 동기가 '타인의 평가'가 아닌 '나 자신의 발전'을 향할 때 비로소 지속적인 학습으로 이어진다.

일본어를 공부한 지 6개월이 되었을 때, 나는 JLPT N3 시험에 도전했다. JLPT는 일본어를 모국어로 하지 않는 사람을 대상으로 한 국제 공인시험으로, N5부터 N1까지 단계가 나뉜다. 숫자가 작을수록 난이도가 높다. 나는 중간 단계인 N3를 목표로 삼았다. 자격증을 어디에 쓰기 위해서가 아니라, 공부 방향이 올바른지 확인하기 위한 시도였다. 시험이 다가올수록 학습 몰입도가 높아졌고, 결과와 상관없이 응시하길 잘했다는 확신이 들었다. 한 달 뒤 '합격'이라는 두 글자를 확인하던 순간의 기쁨은 단순한 결과 이상의 의미였다.

N3 합격 후 6개월 뒤에는 N1 시험에 도전했다. 결과는 불합격이었다. 특히 청해(聽解) 점수가 낮았다. 하지만 실패는 방향을 바로잡는 기회였다. 이후 6개월 동안 유튜브 일본 뉴스와 팟캐스트를 매일 들으며 청해에 집중했다. 다음 시험에서 합격했다. 시험은 완벽함의 증거가 아니라 "나는 계속 성장 중이다"라는 증거였다.

스페인어 공부를 시작한 지 1년이 되었을 때, 나는 DELE B1 시험에 도전했다. DELE(Diplomas de Español como Lengua Extranjera)는 스페인 정부가 주관하는 공식 국제 스페인어 자격시험으로, 전 세계 어디서나 통용되고 유효기간이 평생이라는 점이 매력적이었다.

응시료가 약 25만 원으로 적지 않았지만, '점검의 시간'이라고 생각했다. 목표는 단순한 합격이 아니라, 국제적 기준에서 나의 실력을 검증받는 것이었다. 특히 고려대학교 서어서문학과를 비롯한 국내 주요 대학들이 DELE B1을 졸업 요건으로 요구한다는 점에서, 이 자격증의 신뢰도를 체감했다.

DELE B1 시험과 JLPT N1 시험을 거의 동시에 보게 되었다. JLPT N1을 2024년 7월 7일에, DELE B1 시험은 2024년 7월 13일에 본 것이다. 일주일도 채 안 되는 간격에 두 언어 시험을 보는 것은 큰 도전이었다. "둘 다 떨어지는 건 아닐까?" 하는 불안도 컸다. 하지만 결과는 놀라웠다. 두 시험 모두 합격이었다.

DELE는 독해, 듣기, 작문, 말하기로 구성된다. 면접관과 직접 스페인어로 대화하는 말하기 시험이 포함되어 있어, 단순한 문법 지식이 아니라 실질적인 의사소통 능력을 요구했다. 시험에 합격하고 난 후 나의 스페인어 말하기 실력에 대해 국제적 기준으로 인정받았다는 생각에 스페인어 말하기에 대한 자신감과 한국에서 독학으로 스페인어를 학습해 냈다는 성취감이 정말 높았다.

1년 뒤인 2025년 8월 24일, 나는 SNULT(Seoul National University Language Test) 스페인어 시험에 응시했다. SNULT는 서울대학교 언어교육원이 주관하는 공인 외국어 시험으로, 국내 대학 · 공공기관 · 해외파견 교사 선발 등에서 폭넓게 인정되는 시험이다. 시험을 본 이유는 명확했다. 초등교사로서 언젠가 해외 한국학교나 국제학교에 파견될 가능성을 대비하기 위해서였다.

결과는 100점 만점에 71점이었다. 이는 DELE 시험으로는 C1 수준에 해당하는 점수였다. 서울대학교 서어서문학과 대학원 졸업 요건이 SNULT 80점 이상임을 고려하면, 직장 생활과 병행하며 이 정도 성취를 거둔 것은 충분히 의미 있는 결과였다. 단순히 점수 이상의 만족감이 있었다. 일본어(JLPT)와 스페인어(DELE)를 준비하며 다져온 어휘 감각과 문법적 직관, 듣기와 읽기의 집중력 등이 SNULT 영어 시험에도 자연스럽게 전이(transfer)되었던 것이다.

일본어와 스페인어를 공부하면서 영어도 꾸준히 함께 했다. 영어 원서를 읽고, '심슨(The Simpsons)' 애니메이션과 팟캐스트, 유튜브 Vlog를 즐겨 보며 자연스럽게 학습했다. 그 효과를 확인해 보고 싶어 2025년 2월, 별도의 대비 없이 TEPS에 응시했다. TEPS는 실용 영어 능력을 평가하는 시험으로, 직장인과 대학생의 실제 언어 사용 능력에 초점을 둔다. 결과는 365점으로 서울대 대학원 입학 요건(327점)을 넘었다.

JLPT, DELE, SNULT, TEPS 같은 시험들은 단순히 점수를 매기는 도구가 아니다. 그것들은 내가 얼마나 성장했는지를 눈으로 볼 수 있게 해주는 좌표다. 시험 하나 하나가 그래프의 점이 되어, 내가 어떤 루틴을 유지했고 어떤 태도로 공부했는지를 되돌아보게 한다.

심리학자 앨버트 반두라(Albert Bandura)는 "성공의 경험은 자기효능감을 강화하고, 강화된 자기효능감은 또 다른 성공을 낳는다"라고 말했다. 한 번의 합격이나 작은 성취가 자신감으로 이어지고, 그 자신감이 다시 다음 도전을 가능하게 만든다는 뜻이다.

JLPT 1급을 취득했지만 여전히 일본어로 글을 쓰는

일은 어렵다. 스페인어도 마찬가지다. 악센트를 빠뜨리거나 알파벳을 틀릴 때도 있다. 하지만 좌절하지 않는다. 시행착오조차 성장의 일부다. 점수를 목표로 삼기보다 언어 전체의 실력을 높이려는 공부가 쌓였기에 얻은 결과였다. 시험이나 자격증은 목적이 아니라, 학습 여정을 확인해주는 하나의 이정표일 뿐이다.

학습이 길어질수록 비교의 함정에 빠지기 쉽다. 누군가는 더 유창해 보이고, 누군가는 더 많은 단어를 아는 듯하다. 하지만 비교는 나를 흔들 뿐, 도움이 되지 않는다. 중요한 것은 나만의 기준을 세우고 그 길을 지켜내는 것이다. 남과 비교하면 속도는 흔들리지만, 나의 기준은 방향을 지켜준다.

학습이 길어질수록 비교의 함정에 빠지기 쉽다. 누군가는 더 유창해 보이고, 누군가는 더 많은 단어를 아는 듯하다. 그러나 언어 실력은 상대적인 것이 아니라, 오히려 나의 변화 속에서 확인되어야 할 영역이다. 그래서 나는 다른 사람과 비교하기보다, 시험이라는 객관적인 잣대를 통해 나 자신의 발전을 점검하기로 했다. 점수는 완벽하지 않아도, 이전의 나와 지금의 나를 이어주는 숫자이자 기록이다. 남과의 비교가 방향을 흐리게 한다면, 시험은 오히려 내가 걸어온 길을 또렷이 비춰주는 거울이 된다.

그래서 나는 지금도 꾸준히 시험을 본다. 합격의 순간은 크든 작든 학습 여정 속에서 얻는 소중한 보상이다. 한 번의 자격증 취득이 인생을 바꾸지는 않지만, 그 과정에서 쌓이는 성취감은 다음 도전을 이끄는 힘이 된다. 언젠가 당신도 공부의 방향을 점검하고 싶을 때가 올 것이다. 그때 주저하지 말고 시험에 도전해 보자. 합격이라는 결과보다 값진 것은, 그 여정을 통해 얻게 될 '조금 더 큰 성공의 기쁨'이다.

## 6 문법이 먼저일까, 경험이 먼저일까

"닭이 먼저냐, 달걀이 먼저냐"는 오래된 논쟁거리다. 일상 대화에서도 비유로 자주 쓰이는 질문인데, 과학자들은 이에 대해 꽤 명확한 답을 내놓았다. 달걀이 먼저라는 것이다.

그 이유는 진화론적 증거에서 찾을 수 있다. 오늘날의 닭은 중생대 백악기에 살았던 조류, 이른바 시조새의 후손으로 알려져 있다. 하지만 시조새조차 이미 파충류와 조류의 중간 단계에 해당하는 생물이었고, 그 이전부터 다양한 원시 파충류가 단단한 껍질을 가진 알(달걀)을 낳아 왔다. 즉, "닭"이라는 종이 지구상에 등장하기 훨씬 전부터, 알이라는 형태는 진화 과정 속에서 존재해 왔다는 것이다.

영국 셰필드 대학과 워릭 대학의 연구팀은 2010년, 닭의 난각 단백질(OC-17)이 달걀껍데기 형성에 중요한 역할을 한다는 사실을 밝혀냈다. 그러나 이 단백질은 "현대적 의미의 닭"을 기준으로 한 설명일 뿐, 진화사적으로 보면 "달걀"은 다양한 종에서 이미 존재했기에 '닭보다 달걀이 먼저'라는 결론이 과학적으로 더 타당하다.

이 논의를 언어 학습에 대입해 보면 어떨까? 많은 학습자들은 언어를 시작할 때 "문법이 먼저냐, 경험이 먼저냐"라는 닭과 달걀의 논란 속에 선다. 나 역시 외국어를 배우면서 이 문제와 마주했다.

일본어를 배울 때, 교재에서 동사 활용표를 외우려 하니 규칙이 너무 많아 금방 지쳐버렸다. 어떤 동사는 변할 때 ん이 붙는다(学ぶ → 学んで), 또 어떤 동사는 っ으로 바뀐다(行く → 行って). 처음에는 도저히 구분이 안 돼서 외우려 할수록 머리가 복잡해졌다. 하지만 드라마 속 대사와 애니메이션 자막을 보며 같은 동사를 여러 번 접하다 보니, 어느새 상황에 따라 자연스럽게 구분할 수 있게 되었다. '아, 이건 이렇게 바뀌는구나' 하는 감각이 몸에 먼저 자리 잡은 것이다.

스페인어에서는 동사변형이 특히 학습자를 좌절시키는 부분이다. 규칙 동사만 해도 현재형에서 -ar, -er, -ir 세 그룹 × 6인칭을 고려하면 18가지 변화가 나오고, 여기에 시제가 확장되면 수백 가지가 된다. 불규칙 동사까지 합치면 그 수는 훨씬 더 많아진다. 표를 보고 달달 외우려 하면 끝이 없다는 좌절감이 밀려온다. 그러나 유튜브 여행 브이로그, 팟캐스트에서 "estoy hablando", "estamos comiendo", "ellos viven" 같은 표현을 문맥과 함께 반복해서 듣다 보니, 어느 순간 변화의 패턴이 귀와 눈에 익숙해졌다. 그러면서 '아, -ar는 이렇게, -er는 이렇게, -ir는 이렇게 변하는구나'라는 감각이 자리 잡았다.

돌이켜보면, 이런 경험들이 모두 공통적으로 말해 주는 것이 있었다. 책 속 문장이나 팟캐스트, 드라마 자막 같은 맥락화된 언어 경험 속에서 반복해 마주친 표현들은 오히려 더 오래 기억에 남았다. 이 작은 차이는 내게 중요한 깨달음을 주었다. 문법은 달걀이 아니라 닭에 가깝다. 즉, 먼저 경험이 있어야 문법이 보이는 것이다.

그래서 나는 언어학자가 될 것이 아니라면, 처음부터 문법 교재를 정독하며 학문적으로 접근할 필요는 없다고 생각한다. 언어는 본질적으로 소통의 도구이고, 소통은 살아 있는 맥락 속에서 이루어진다. 따라서 책상 앞에서 규칙을 달달 외우는 것보다, 이런 맥락화된 자료를 통해 반복적으로 듣고 보며 '아, 이런 식으로 쓰는구나' 하고 감각을 잡아가는 편이 훨씬 자연스럽다.

비록 달걀이 먼저이지만, 닭과 달걀이 결국 끊을 수 없는 고리로 이어져 있듯이, 경험과 문법 역시 서로 긴밀하게 연결되어 있다. 경험만으로는 부족하고, 문법만으로도 온전한 학습이 이뤄지지 않는다.

응용언어학자 마이클 롱(Michael Long)도 바로 이런 점을 강조했다. 그는 Focus on Form 이론에서 단순히 입력을 많이 받는 것만으로는 충분하지 않으며, 학습자가 실제 소통 과정에서 필요할 때 문법 규칙에 의식적으로 주의를 기울이는 것이 효과적이라고 설명했다. 즉, 무작정 규칙을 달달 외우는 것이 아니라, 먼저 다양한 문장을 통해 감각을 익히고, 이후 자주 마주치는 규칙을 의식적으로 정리하는 방식이 훨씬 효율적이라는 것이다.

이러한 경험 속에서 나는 나만의 공부 순서를 조금씩 정리하게 되었다.

**[표] 나의 외국어 공부 순서**

| 방법 | 핵심 | 효과 |
|---|---|---|
| 1. 눈과 귀로 많이 보기 | 드라마, 팟캐스트, 브이로그 같은 자료를 활용해 표현을 자주 듣고 본다. | 언어에 자연스럽게 노출되면서 익숙해진다. |
| 2. 자주 나오는 낱말 저장하기 | 단어장을 따로 나누어 단어를 어디서 보았는지 기록한다. | 단순한 뜻뿐 아니라 단어가 쓰였던 맥락까지 함께 기억할 수 있다. |
| 3. 낱말 외우기 | 손으로 단어를 쓰거나 예문과 함께 반복해 본다. 유의어나 반의어를 함께 익히며 의미망을 확장한다. | 기억이 오래가고, 단어 간의 관계까지 넓게 이해할 수 있다. |
| 4. 문장과 연결해서 외우기 | 단어가 실제 문장에서 어떻게 쓰이는지를 확인하며 반드시 문맥과 함께 익힌다. 이 과정에서 문법 규칙도 자연스럽게 귀납적으로 알게 된다. | 단어와 문법을 동시에 학습할 수 있고, 지식이 실제로 활용되는 형태로 자리 잡는다. |
| 5. 문법 패턴 학습 | 귀납적으로 알게 된 문법 규칙을 교재를 통해 연역적으로 다시 확인한다. 교재 설명을 읽고, 이미 경험한 예시와 연결해 본다. | 경험으로 얻은 감각과 문법 지식을 연결하면서 더 깊고 탄탄하게 이해할 수 있다. |

이처럼 언어 학습에서 중요한 건 입력을 통해 먼저 감각을 잡고, 필요할 때 문법을 의식적으로 정리하는 것이다. 처음부터 규칙을 억지로 외우기보다 문장을 통해 규칙을 체감하고, 그다음에 교재로 확인할 때 학습은 더 오래가고 실제 활용에도 자연스럽게 이어진다.

결국 "문법이 먼저일까, 경험이 먼저일까"라는 질문에 대한 나의 답은 분명하다. 경험이 먼저이고, 문법은 그 경험을 정리해 주는 이정표에 가깝다. 언어의 길을 내고 걸어가는 힘은 실제 경험과 반복에서 나오며, 문법은 그 길 위에서 방향을 잃지 않도록 안내해 주는 역할을 한다.

## 7 나와 맞는 콘텐츠 찾기

예전 영어 공부를 할 때 나는 시작부터 욕심을 부리곤 했다. 사람들이 추천하는 유명한 드라마나 뉴스, 어려운 책들을 무작정 따라 보려 했었다. 특히 영어에서는 '프렌즈'나 '모던 패밀리' 같은 시트콤, 'TED 강연' 같은 콘텐츠가 좋다고들 하니, 나도 별 의심 없이 그대로 따라 봤다. 처음에는 그럴듯했다. 영상을 멈추고 모르는 표현을 하나하나 노트에 적으며 뿌듯해했다. 하지만 노트는 쌓였어도 언어는 머릿속에 제대로 남지 않았다. 오히려 '이걸 다 외워야 한다'라는 부담감이 쌓이며 금세 지쳐 버렸다.

돌이켜보면, 이는 '빨리 늘고 싶다'라는 조급함 때문이었다. 그래서 남들이 좋다고 하는 건 무엇이든 따라잡으려 했다. 그러나 언어는 단기간에 뛰어넘듯 성장하지 않는다. 내가 뒤늦게 알게 된 것이 언어학자 스티븐 크라센

(Stephen Krashen)의 '입력 가설(input hypothesis)'이었다. 그는 학습자에게 가장 효과적인 입력은 현재 수준보다 약간 더 어려운(i+1) 콘텐츠라고 말한다. 너무 쉬우면 금세 지루해지고, 너무 어려우면 이해할 수 없어 포기하게 된다. 나 역시 이 이론을 책으로 배우기 전에 이미 몸으로 겪고 있었던 셈이다.

그 뒤로 나는 방향을 바꿨다. 남들의 기준이 아니라 내 눈높이에 맞는 자료부터 차근차근 올라가는 방식을 택했다.

**1단계. 유아용 콘텐츠**

새 언어를 시작할 때는 아이들이 즐겨보는 동요, 동화책, 짧은 애니메이션부터 본다. 문장이 단순하고 발음이 또렷해 듣기 훈련에 적합했다. 그림과 영상이 함께 있으니 모르는 단어가 나와도 내용을 유추하기 쉬웠다. 어른이 된 내가 이런 콘텐츠를 보는 게 처음엔 민망했지만, 막상 보니 의외로 재미있고 알찼다. 동요는 어느새 흥얼거리게 되었고, 반복되는 문장은 저절로 입에 붙었다. '이건 조카에게도 꼭 보여줘야겠다'라는 생각이 드는 콘텐츠이기도 했다.

### 2단계. 초급 콘텐츠

유아용만으로는 부족할 때, 기초 유튜브 영상으로 넘어갔다. 원어민이 또박또박, 천천히 자기 언어를 소개하는 영상이었다. 제목에 'Easy, Beginner, 초급자, 初心者, fácil' 같은 단어가 붙어 있으면 무작정 눌러 봤다. 자막이 제공되는 경우도 많아 따라 하기 쉬웠다. 그러다 발견한 것이 바로 Easy Languages 시리즈였다. 거리에서 사람들을 인터뷰하는 형식이라 생생했고, 스페인어 · 영어 자막이 동시에 제공돼 부담 없이 배울 수 있었다. 말이 빠른 경우에는 재생 속도를 늦추고, 같은 영상을 반복해서 보며 귀를 길렀다. 이 과정은 이후 더 빠른 속도의 콘텐츠로 나아가는 발판이 되었다.

Easy Languages는 영어, 스페인어, 프랑스어, 독일어, 이탈리아어, 중국어(만다린), 일본어, 한국어, 아랍어, 러시아어, 우크라이나어, 포르투갈어(브라질), 폴란드어 등 정말 다양한 언어를 다루기에 학습하고자 하는 외국어가 있다면 이 콘텐츠를 먼저 살펴보는 것을 추천한다.

### 3단계. 팟캐스트

다음 단계로는 자유 대화형 팟캐스트에 도전했다. 이전

보다 난이도가 확실히 높았다. 가장 큰 장벽은 빠른 말 속도와 자막의 부재였다. Easy Languages처럼 친절한 자막에 익숙했던 터라, 자막이 없는 두 사람의 자연스러운 대화는 처음엔 당황스러웠다. 자동 생성 자막도 있었지만, 발음이 겹치거나 속도가 빠르면 정확도가 크게 떨어졌다.

또한 팟캐스트 특유의 리듬과 억양, 감탄사, 웃음소리, 말 끊기 등은 혼잣말 위주의 콘텐츠와는 전혀 달랐다. 마치 카페 옆자리에서 대화를 엿듣는 듯한 생생함이 있었고, 덕분에 실제 대화의 흐름과 말투를 그대로 체감할 수 있었다.

처음에는 속도가 빨라 많이 놓쳤지만, 모든 문장을 이해하려 애쓰기보다 귀에 걸리는 몇 가지 표현을 집중해서 익혔다. "진짜요?", "사실은…" 같은 짧은 구어체나 자주 쓰이는 연결어가 반복되면 반드시 잡아두려 했다. 이해가 잘 안되는 에피소드는 속도를 0.8배로 낮추거나 5분 단위로 잘라 반복 학습했다.

무엇보다 반가웠던 점은, 이전에 접한 유아용 콘텐츠나 Easy Languages 시리즈에서 익힌 표현들이 다시 등장했다는 것이다. 낯선 대화 속에서 익숙한 말이 불쑥 튀어나

올 때마다 '아, 이건 내가 아는 말이야'라는 안도감이 밀려왔다. 그 경험은 단순한 청취에서 이해로 넘어가는 작은 신호였고, 더 어려운 콘텐츠에 도전할 수 있는 자신감과 동기를 되살려 주었다.

**4단계. 줄거리를 이미 아는 작품을 여러 언어로 반복**

이번에는 하나의 작품을 여러 언어로 바꿔가며 반복해 보는 방식으로 듣기 연습을 확장했다. 예를 들어 한국어로 본 영화를 스페인어로 다시 보고, 영어로 바꿔본 뒤, 같은 장면을 일본어로 감상하는 식이다. 이렇게 하면 언어별 표현 차이와 억양의 뉘앙스가 뚜렷하게 드러난다. 같은 대사라도 언어가 달라지면 전달되는 감정과 분위기가 달라졌고, 그 차이를 체감하는 순간은 단순한 어휘 암기를 넘어 언어 감각의 확장으로 이어졌다.

이 방법이 효과적인 이유는 이미 줄거리와 상황을 알고 있는 작품을 활용했기 때문이다. 내용 이해에 신경 쓰지 않아도 되니 오롯이 표현과 억양, 단어 선택에 집중할 수 있었다. 익숙한 장면에서는 '곧 이 대사가 나오겠지' 하고 예측할 수 있어 학습 몰입도도 높아졌다.

센과 치히로, 하울의 움직이는 성, 모아나 같은 익숙한 작품들이 특히 도움이 됐다. 센이 유바바에게 "여기서 일하게 해주세요!"라고 외치는 장면, 하울과 소피가 골목을 달리는 장면, 모아나 할머니의 위로 장면을 여러 언어로 비교하며 감상했다. 그 과정에서 단어 하나가 인물의 표정 · 배경 음악 · 장면 분위기와 결합하여, 마치 그림처럼 생생하게 기억에 남았다.

또 하나 유용했던 도구는 OTT 플랫폼에서 제공하는 Audio Description 기능이었다. 원래 시각장애인을 위한 서비스지만, 학습자에게는 언어 입력량을 크게 늘려준다. 대화가 적거나 침묵이 길어도 장면과 인물의 행동이 언어로 묘사되기에, 상황을 설명하는 표현과 문장 구조를 자연스럽게 배울 수 있었다. 다만 자막이 지원되지 않는 경우가 많아 초급자에게는 어렵지만, 일정 수준의 듣기 실력이 있는 학습자라면 콘텐츠를 새롭게 경험하는 좋은 방법이 될 수 있다.

### 5단계. 관심사 콘텐츠

학습을 넘어 내가 좋아하는 주제의 콘텐츠를 외국어로 즐기는 단계에 들어섰다. 특히 여행 브이로그를 보기 시작했는데, 단순한 언어 학습을 넘어 그 나라의 풍경 · 문화 · 사람들의 표정과 대화까지 함께 느낄 수 있어서 일석이조였다. 언어와 문화가 엮여 다가올 때 생기는 몰입감은 책이나 강의에서 결코 얻을 수 없는 경험이었다.

처음엔 자막을 켜고 보다가도, 어느 날은 과감히 자막을 끄고 소리에만 집중했다. 표정, 말투, 상황에 의지해 내용을 짐작하다 보니 언어를 감각적으로 받아들이는 힘이 더 예민해졌다. 무엇보다 좋아하는 주제라서 집중력이 떨어질 틈이 없었다. 영상이 끝날 즈음이면 단어 몇 개를 외운 것 이상의 만족감이 남았고, 골목길을 거니는 장면이나 흘러나온 음악이 내 마음까지 움직였다. 보고 나면 마치 실제로 그 나라를 여행하고 온 듯한 기분이 들었다.

**6단계. 쉬운 난이도의 뉴스와 이미 한번 본 콘텐츠의 원서**

뉴스 보기의 장점 중 하나는 시의성이 있다는 것이다. 지금 사회에서 다뤄지는 주제를 다루기에 현실에 쓸모가 있고, 현실성이 살아 있다는 점에서 동기 부여가 된다.

일본어, 스페인어, 영어권에는 학습자를 위해 뉴스를 쉽게 재구성한 사이트들이 있다. 일본의 NHK 子供ニュース, 스페인어권의 Planeta Fácil처럼 어휘와 문장을 단순화한 콘텐츠는 학습자에게 큰 도움이 된다. 원본 기사

보다 난이도가 낮지만, 사회적으로 의미 있는 이슈를 다루기에, 평소 접하기 어려운 어휘와 표현을 자연스럽게 익힐 수 있다.

**[표] 쉽게 재구성된 외국어 뉴스 사이트**

<table>
<tr><th>언어권</th><th>사이트명</th><th>특징</th><th>난이도 조절 방식</th><th>활용 포인트</th></tr>
<tr><td>일본어</td><td>NHK 子供ニュース</td><td>어린이를 위해 뉴스를 쉽게 재작성한 콘텐츠</td><td>어려운 한자 위에 후리가나(히라가나) 표기, 쉬운 어휘와 짧은 문장 사용</td><td>뉴스 어휘 습득, 시사 주제 이해, 한자 읽기 훈련</td></tr>
<tr><td>스페인어</td><td>Planeta Fácil</td><td>지적 · 발달 장애인을 위해 뉴스를 쉽게 재작성한 콘텐츠</td><td>쉬운 어휘, 간결한 문장 구조</td><td>사회 · 문화 이슈 학습, 다양한 어휘와 표현 익히기</td></tr>
<tr><td>스페인어</td><td>Spanish in levels</td><td rowspan="2">난이도를 3단계로 나누어 같은 뉴스 내용을 제공하는 사이트</td><td rowspan="2">각 단계별 어휘 · 문장 구조 난이도 조절, 반복 학습 가능</td><td rowspan="2">단계별로 부담 없이 듣기 · 읽기 연습, 점진적 난이도 상승</td></tr>
<tr><td>영어</td><td>News in levels</td></tr>
</table>

이와 함께 나는 영화를 본 뒤, 그 세계를 원서로 다시 탐험하는 방식을 시도했다. 예를 들어 『스즈메의 문단속』을 영화관에서 본 뒤 일본어 원서를 구해 읽으니, 장면과 대사가 떠올라 문장의 흐름을 자연스럽게 따라갈 수 있었다. 영어는 디즈니 · 픽사 영화 『엘리멘탈』이 계기가 되었다. 영화로 느낀 감동을 그대로 영어 원서에서 다시 되새기며 언어와 이야기를 동시에 체험했다. 스페인어는 어

릴 적 한국어로 읽었던 『이상한 나라의 앨리스』를 스페인어로 다시 읽었다. 이야기는 익숙하지만, 표현은 새롭고, 덕분에 끝까지 읽어낼 수 있었다.

### 7단계. 원어민을 대상으로 하는 일반 뉴스와 각 분야 전문가들의 팟캐스트

마침내 원어민을 대상으로 한 일반 뉴스와 전문가들의 팟캐스트에 도전했다. 말은 훨씬 빠르고, 주제는 깊고 복잡했다. 예전 같았으면 두세 문장 만에 포기했을지도 모른다. 하지만 앞서 쌓아온 단계들이 버팀목이 되어 주었다. 여전히 모르는 단어는 많았고 문장이 매끄럽게 들리지 않을 때도 있었지만, 그 차이를 인식하고 있다는 사실 자체가 성장의 증거처럼 느껴졌다.

또 하나 실천한 방법은 신문 기사의 뉴스 제목과 리드만 보는 것이었다. 시간이 없을 때 전체 기사를 다 읽기 어렵다면, 제목과 리드만 훑어도 뉴스에 나오는 낯선 주제와 어휘를 접하는 효과가 있었다. 여기서 리드(lead)는 기사 첫머리에 있는 짧은 요약문으로, 핵심적인 사실이나 맥락을 간결하게 전달한다. 따라서 본문을 읽지 않아도 주제와 주요 어휘를 파악할 수 있어, 짧게라도 꾸준히 뉴스를 보는 습관을 기르는 데 도움이 되었다.

돌이켜보면 외국어 학습은 성장기와 닮았다. 처음엔 유아처럼 기초적인 말부터 시작해 동요와 동화를 따라 부르고, 점차 문장을 만들고 대화를 듣고, 세상의 소식을 접하게 된다. 그리고 어느 순간, 어른의 시선으로 세상을 언어로 이해하게 된다. 중요한 건 가장 '나다운' 출발선에서 시작해, 흥미를 잃지 않고 자신에게 맞는 콘텐츠를 선택하는 일이다. 그것이 바로 외국어와 오래, 그리고 잘 지내는 방법이다.

## 8 반복·맥락·분산·감각, 네 가지 학습 원리

우리는 시간도 돈도 빠듯한 직장인들이다. 그렇다면 우리에게 맞는 효율적인 공부 방법은 무엇일까? 외국어가 삶 속에 뿌리내리려면 단순히 많은 시간을 들이는 것만으로는 충분하지 않다. 시간을 투자하는 것만으로도 일정한 성과를 얻을 수 있지만, 거기에 몇 가지 원리를 더하면 학습은 훨씬 단단해지고 오래 남는다. 내가 여러 시행착오 끝에 깨달은 핵심 원리는 네 가지였다. 반복, 맥락, 분산, 그리고 감각의 결합.

**먼저 반복**이다. 언어는 한 번에 이해되는 것이 아니라, 여러 차례의 노출을 통해 조금씩 몸에 스며든다. 아침에는 영어 애니메이션 심슨 가족을 보며 하루를 연다. 20분 남짓한 짧은 러닝타임 덕분에 씻고 준비하는 동안 한 편을 끝낼 수 있고, 일상 대사가 반복되면서 귀가 자연스럽게 적응한다. 저녁에는 같은 장면을 다른 언어 버전으로 다시 보기도 한다. 이미 알고 있는 이야기 구조 속에서 같은 표현을 여러 번 마주하다 보면, 단순한 암기가 아니라 생활의 리듬처럼 언어가 몸에 쌓여간다.

이런 방식은 심리학에서 말하는 '간격 효과(spacing effect)'와도 통한다. 같은 내용을 일정 간격을 두고 반복해서 접하면 기억이 더 오래 유지된다. 나는 같은 표현을 다양한 미디어에서 일부러 다시 만났다. 예를 들어 팟캐스트에서 들었던 표현이 여행 Vlog에서도 반복될 때마다 '아, 또 나왔구나' 하고 짚어보았다. 이렇게 흩어진 순간들이 쌓여 하나의 탄탄한 길을 만들었다.

**둘째는 맥락**이다. 단어는 홀로 외울 때보다 상황 속에서 만날 때 오래 남는다. 출근길에 전날 밤 보았던 스페인어 영상을 오디오로 틀어 두고 섀도잉을 하면, 머릿속에 장면이 떠오르며 대사와 연결된다. 그 순간 단어와 문장은 단순한 기호가 아니라 눈앞에서 살아 움직이는 언어로 바뀐다.

실제로 언어학자 마이클 루이스(Michael Lewis)는 "언어는 문법화된 어휘로 이루어진다"라고 주장하며, 개별 단어보다는 덩어리(chunk)나 연어(collocation) 단위로 학습할 것을 강조했다. 이는 단어를 따로 떼어 외우는 것보다 맥락 속에서 반복적으로 만날 때 더 잘 기억된다는 점을 보여준다. 나 역시 국제교류 수업을 준비하며 외국 교사와 문장을 주고받을 때, 교재에서 본 표현이 그대로 쓰이는 순간이 있었다. 그때는 단순한 문장이 아니라 실제 사람과 연결된 생생한 경험으로 남았다. 학생들과 함께 대사를 연습할 때도 마찬가지였다. '맥락과 함께하는 언어'는 머릿속 지식을 넘어 감정과 기억으로 각인되었다.

**셋째는 분산**이다. 하루에 한 언어만 몰아서 공부하기보다, 시간과 언어를 나누어 학습할 때 기억은 더 오래 지속된다. 아침에는 중국어, 출근길에는 스페인어, 운동할 때는 영어. 이렇게 나누어 학습하면 언어들이 서로 간섭하지 않고, 머릿속에서 각자의 자리를 뚜렷하게 지킨다.

심리학에서도 '분산 학습(spaced learning)'이 장기 기억에 효과적이라고 강조한다. 실제로 미국 듀크대학 Academic Resource Center에서도 '분산 연습(Distributed practice)'을 핵심 학습 전략으로 제안한다. 즉, 짧은 시간을 여러 번 나누어 공부하는 것이 시험 직전에 몰아서 하는 학습보다 훨씬 효과적이라는 것이다. 수업 직후나 주말마다 조금씩 복습하고, 시험 대비도 여러 날에 걸쳐 나누어, 하는 것이 장기적인 기억 유지에 도움이 된다고 강조한다.

**마지막은 감각 결합**이다. 귀와 눈, 몸이 함께 작동할 때 몰입감이 커지고 학습 효과도 높아진다. 퇴근길에는 외국어 노래를 들으며 의미를 따지지 않고 그냥 멜로디에 맞춰 흥얼거린다. 가사 중 일부가 귀에 걸리면 자연스럽게 단어를 찾아보고, 다음에 들을 때는 이해와 감정이 함께 따라온다. 운동을 하면서 영어 팟캐스트를 들을 때는 몸의 리듬과 말하기 리듬이 맞아떨어지며 집중력이 오히려 더 높아진다. 일본어 여행 브이로그를 보며 풍경과 음식, 사람들의 표정까지 함께 느낄 때, 언어는 글자와 소리를 넘어 하나의 경험으로 다가왔다.

교육학에서는 이를 '멀티센서리 학습(multi-sensory learning)'이라 부른다. 인지신경과학 연구에 따르면 시각, 청각, 촉각, 운동 감각을 동시에 활용할 때 뇌의 여러 영역이 함께 활성화되며, 이는 더 강력하고 오래가는 기억 형성을 돕는다. 즉, 단어를 눈으로 보고, 귀로 듣고, 손으로 쓰고, 입으로 소리 내어 말하는 활동을 결합하면 언어 정보가 뇌의 다양한 경로에 걸쳐 저장된다. 이러한 방식은 단일 감각에만 의존할 때보다 훨씬 더 깊고 입체적인 학습 효과를 낸다. 실제로 멀티센서리 접근은 뇌의 신경가소성(neuroplasticity)을 촉진해 언어와 기억을 담당하는 영역 간 연결망을 강화하며, 학습자가 내용을 더 자연스럽게 이해하고 장기 기억으로 전환할 수 있도록 돕는다고 보고되고 있다.

이 네 가지 원리가 일상에 스며들면서 외국어는 더 이상 책상 앞에서 억지로 붙잡아야 하는 대상이 아니게 되었다. 작은 반복과 다양한 맥락, 나눠진 시간과 감각적 경험이 쌓여 언어는 조금씩, 그러나 꾸준히 내 것이 되었다.

## 9 유의어·반의어 활용하기

외국어를 배우다 보면, 어느 순간 뜻이 같거나 비슷해 보이는 단어들과 마주하게 된다. 초급 단계에서는 단어 하나와 그 뜻을 일대일로 연결하는 데 집중하지만, 학습이 어느 수준을 넘어서면 단어가 맥락에 따라 어떻게 달리 쓰이는지를 느끼는 감각이 중요해진다. 이렇게 유사한 의미를 지닌 단어, 즉 '유의어(類義語)'는 단어의 풍부함을 보여줄 뿐 아니라, 어떤 단어를 선택하느냐에 따라 화자의 감정 · 태도 · 의도가 드러난다. 의미가 같아 보여도 뉘앙스와 사용 장면이 다르므로, 학습자에게는 언어의 미묘한 결을 구별하고 이해하려는 노력이 필요하다.

예를 들어, 영어에서 'slim'과 'skinny'는 모두 '날씬한'이라는 뜻을 지니지만, 'slim'은 대체로 긍정적인 이미지를, 'skinny'는 때로 마른 체형을 부정적으로 표현하는 뉘앙스를 풍긴다. 이런 차이는 단순히 사전적 의미를 아는 것만으로는 잘 느껴지지 않는다. 실제 문장에서 두 단어가 어떻게 쓰이는지 비교·분석하는 과정을 거쳐야 비로소 감각적으로 체득할 수 있다.

동시에 '반의어(反義語)' 학습은 외국어 표현의 폭을 넓히는 데 필수적인 과정이다. 반대되는 의미를 함께 익히면 단어 하나의 뜻을 더 명확히 이해할 수 있을 뿐 아니라, 비교·대조·강조와 같은 담화 전략을 구사하는 기반이 마련된다. 예를 들어 '늦다'를 배울 때 '빠르다'도 함께 익히면, 상황을 대비해 설명하는 구조를 더 뚜렷하게 파악할 수 있고, 문장 구성과 응용력 역시 한층 강화된다.

따라서 유의어와 반의어는 단순히 어휘를 늘리는 도구가 아니라, 의미를 더 정확하고 유연하게 전달하고 해석하게 해주는 개념적 장치다. 단어 하나를 따로 외우는 것보다, 그 단어가 어떤 단어들과 연결되어 있는지, 즉 의미 관계망 속에서 위치를 파악할 때 기억의 깊이와 지속력이 달라진다. 이 원리를 토대로 한 학습 방식이 바로 '의미망 학습(semantic network learning)'이다.

의미망 학습이란 단어를 고립된 개념으로 외우는 것

이 아니라, 유사어 · 반의어 · 상하위어 등 의미적 연관성을 기준으로 서로 연결 지어 이해하고 기억하는 방식이다. 예를 들어 '빠르다'를 배울 때, 그 유의어인 '신속하다', '재빠르다', '날쌔다'를 함께 익히고, 반의어인 '느리다', '굼뜨다'까지 함께 학습하면 단어를 개별적으로 외울 때보다 기억의 정확도와 회상 속도가 높아진다.

이처럼 단어를 단순한 정보가 아닌 의미의 맥락 속에서 이해하려는 접근은 고차원적인 언어 능력 향상에 효과적이다. 단어 자체만 외우는 데 그치지 않고, 그 단어가 사용되는 상황, 자주 함께 쓰이는 표현, 그리고 유사하거나 반대되는 단어와의 관계까지 탐구할 때, 언어의 활용 범위와 정확성이 눈에 띄게 확장된다.

특히 외국어 학습 초기 단계에서부터 단어를 '의미의 덩어리'로 받아들이는 습관을 들이면, 이후 문장을 구성하거나 맥락을 해석할 때 훨씬 자연스럽고 신속하게 반응할 수 있다. 하나의 낱말을 중심으로 관련 어휘군을 함께 익히는 이 방식은, 결과적으로 의미 구별 능력, 표현 선택 능력, 문맥 판단력 등 다양한 측면에서 사고의 유연성과 정밀함을 동시에 높여준다.

나 역시 실제 학습 과정에서 이 전략을 꾸준히 실천하고 있다. 사용하는 학습 도구는 언어마다 다르지만, 공통으로 단어를 고립된 채로 외우지 않고 그 단어가 놓인 '의미의 풍경' 전체를 함께 바라보는 태도에서 출발한다.

[이미지] thesaurus.com의 'Skinny' 유의어, 반의어

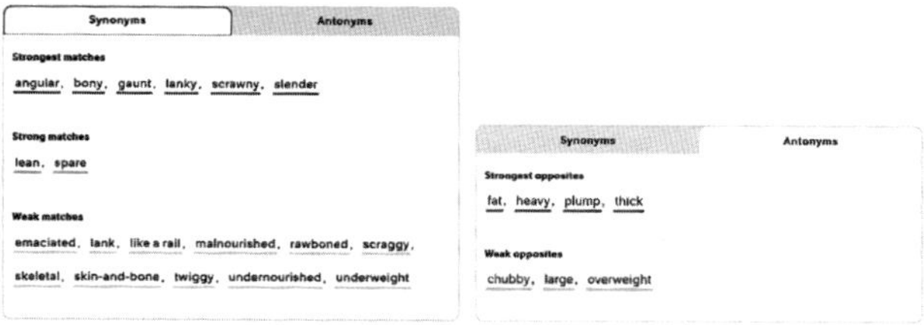


영어 학습의 경우, 네이버 영어사전은 입문자에게 특히 유용한 도구다. 단어의 기본 의미뿐 아니라 유의어, 숙어, 예문, 발음 정보까지 통합적으로 제공해 주기 때문이다. 단어를 검색한 뒤 '유의어 사전' 항목을 클릭하면 간단하게 유의어 목록을 확인할 수 있어, 표현의 폭을 넓히는 데 도움이 된다. 다만 이 사전은 반의어 정보가 제공되지 않는다는 한계가 있다. 이를 보완하기 위해 나는 영어권에서 널리 쓰이는 온라인 사전인 thesaurus.com을 함께 활용한다. 이 사이트는 영어로만 결과를 제공하지만, 검색

한 단어의 유의어(synonym)와 반의어(antonym)를 목록 형태로 빠르게 제시해 준다. 뜻풀이 없이 단어 나열 중심이라 처음에는 다소 낯설 수 있지만, 어휘 간 관계를 직관적으로 파악하는 데는 매우 효과적이다.

**[이미지] reverso의 'flaco' 유의어, 반의어**

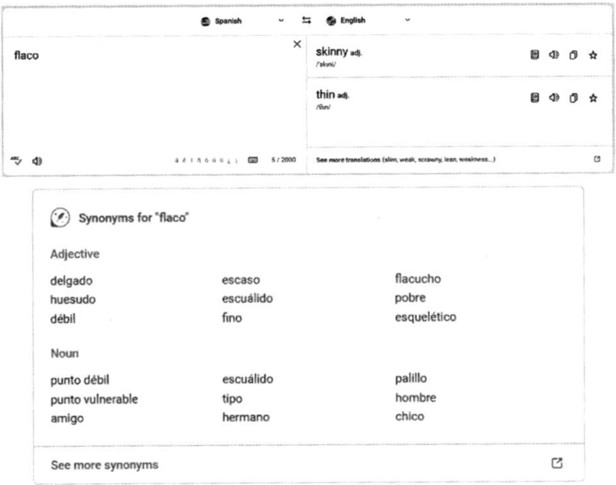


스페인어 학습에서는 Reverso 유의어 사전을 주요 도구로 활용한다. 이 플랫폼은 단순한 번역 기능을 넘어, 학습자가 두 언어 간의 대응 관계를 병렬적으로 비교하며 익힐 수 있도록 설계되어 있다. 내가 Reverso를 처음 알게 된 계기는 콜롬비아 교사와 진행한 국제교류 활동이었다. 당시 현지에서 널리 쓰이는 어휘 학습 도구가 무엇인지 물었고, 그때 교사와 학생들이 실제 수업에서 함께 활용하는 사전으로 Reverso를 추천받았다. 또한, 이 사전은 오프라인으로도 다운로드하여 사용할 수 있어, 비행기 안이나 인터넷 연결이 원활하지 않은 해외에서도 문제없이 학습을 이어갈 수 있다는 장점이 있다.

**reverso에서 번역이 가능한 언어 27가지**

| 아랍어, 카탈루냐어, 중국어, 체코어, 덴마크어, 네덜란드어, 영어, 프랑스어, 독일어, 그리스어, 히브리어, 힌디어, 헝가리어, 이탈리아어, 일본어, 한국어, 페르시아어, 폴란드어, 포르투갈어, 루마니아어, 러시아어, 슬로바키아어, 스웨덴어, 태국어, 터키어, 우크라이나어, 베트남어 |
|---|

Reverso는 최대 27개 언어 중 원하는 조합을 선택해 번역 결과를 제공하는 다국어 플랫폼이다. 사용자의 학습 언어와 목표 언어에 맞춰 다양한 방식으로 설정할 수 있으며, 한국어 역시 번역 언어로 지원되어 국내 학습자에게 특히 유용하다.

나는 여러 언어를 동시에 학습할 때 이 기능을 특히 적극적으로 활용한다. 예를 들어, 스페인어와 영어를 병행 학습할 경우, 모르는 스페인어 단어를 왼쪽 입력란에 입력하면 오른쪽 결과란에 영어 번역이 나타난다. 이를 통해 두 언어의 어휘와 표현을 나란히 비교 · 대조할 수 있고, 단어의 의미를 영어로 이해하면서도 스페인어의 문맥적 쓰임을 함께 살펴볼 수 있어 각 언어의 특성과 미묘한 차이를 자연스럽게 체득하게 된다.

반대로, 영어를 공부할 때도 같은 방식을 적용한다. 생소한 영어 단어를 입력한 후 출력 언어를 스페인어로 설정하면, 해당 단어의 스페인어 번역이 표시되어 영어와 스페인어의 의미 대응 구조를 직관적으로 확인할 수 있다.

이처럼 단어 하나를 여러 언어의 관점에서 관찰하는 과정은, 언어 간 유사성과 차이점, 표현의 뉘앙스와 문맥적 특성을 동시에 익히게 해준다. 특히 언어마다 같은 개념을 어떻게 다른 단어로 분류하고 해석하는지를 체감하는 데 효과적이며, 이는 단순 어휘 암기를 넘어 언어적 감각과 사고의 유연성을 길러주는 기반이 된다.

[이미지] Weblio의 '痩せる' 유의어, 반의어

**flaco**

- delgado, enjuto, escuálido, demacrado, esquelético, famélico, seco, chupado, consumido, escuchimizado, enteco
    - Antónimos: gordo, obeso, rollizo

다만, Reverso는 유의어(sinónimo) 제공에 초점이 맞춰져 있어, 반의어(antónimo) 정보는 제공하지 않는다는 한계가 있다. 이 때문에 나는 반의어를 확인해야 할 때 'www.wordreference.com'을 함께 사용한다. Word Reference는 특정 단어의 정의뿐 아니라 반의어, 동의어, 관련 표현군까지 폭넓게 제공하며, 특히 포럼 기능을 통해 원어민 사용자들이 실시간으로 공유하는 표현과 뉘앙스 차이를 확인할 수 있다. 덕분에 단순한 의미 파악을 넘어, 실제 사용 맥락과 문화적 배경까지 아우르는 깊이 있는 어휘 학습이 가능하다.

[이미지] 파파고의 '瘦せる' 유의어, 반의어

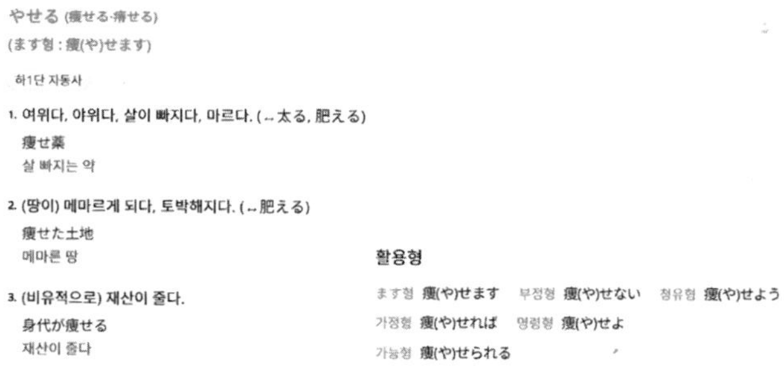


일본어의 경우, 학습 초기에는 Papago를 활용해 단어의 기본 의미와 유사 표현을 빠르게 파악했다. Papago는

번역 중심 플랫폼이지만, 한국어 화자가 일본어를 처음 접할 때 직관적으로 어휘에 접근할 수 있도록 돕는 입문용 도구로서 유용하다. 특히 단어의 1차적 의미를 한국어로 바로 확인할 수 있을 뿐 아니라, 해당 단어의 활용형 변화(활용어)까지 함께 제시해 주어 동사 변형이나 형용사 활용을 이해하는 데 큰 도움이 된다.

다만 Papago에는 경우에 따라 유의어와 반의어를 함께 제공하는 기능이 포함되어 있지만, 모든 단어에서 일관되게 지원되는 것은 아니다. 따라서 유의어 · 반의어 학습을 체계적으로 진행하려면, 더욱 전문적인 사전인 Weblio 일본어 유의어 사전을 병행하는 것이 효과적이다. Weblio는 의미의 미묘한 차이, 쓰임새, 문형 변화 등을 예문과

[이미지] Weblio의 '痩せる' 유의어, 반의어

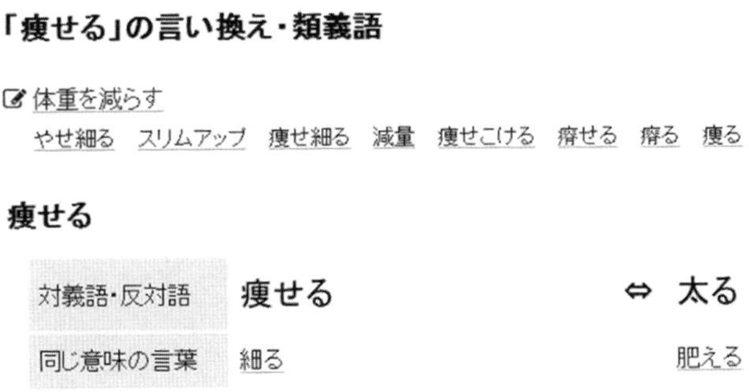

함께 폭넓게 제공해 중급 이상의 학습자에게 특히 유익하다.

Weblio는 일본어 원어민을 대상으로 한 전문 사전으로, 의미의 미묘한 뉘앙스 차이, 문장 속 문형 변화, 유의어 간 사용 장면을 구체적인 예문과 함께 폭넓게 제공한다. 단순한 번역이나 사전식 정의를 넘어, 어떤 표현이 어떤 맥락에서 더 자연스럽고 설득력 있게 들리는지를 일본어 내부의 시각에서 학습할 수 있도록 구성되어 있어, 특히 중급 이상의 학습자에게 큰 도움을 준다.

하나의 단어를 중심으로 유의어나 반의어를 병렬적으로 확장해 나가는 학습 방식은 궁극적으로 어휘 간 의미망을 촘촘하게 구축하는 데 기여한다. 이는 단어 간 연결성을 강화하고, 상황에 맞는 표현을 골라 쓸 수 있는 표현 선택 능력을 함께 향상시킨다. 단어 하나를 익히는 데서 그치지 않고, 그 단어가 다른 단어들과 맺는 관계까지 탐색하면, 학습자는 더욱 유연하고 정교한 언어 활용 능력을 갖추게 된다. 이러한 어휘 간 연결 구조는 실제 대화나 글쓰기처럼 즉각적인 의사소통 상황에서 표현의 다양성과 정확성을 높이는 든든한 기반이 된다.

특히 중급 이상의 학습자에게는, 단어의 의미를 세밀하게 구분하고 문맥에 가장 적합한 표현을 선택하는 능력이 점점 더 중요해진다. 단어를 단순히 '서로 대체가 가능한' 수준에서 사용하는 것을 넘어, "왜 이 단어를 선택하는가?"를 의식하는 순간, 그 언어 사용은 한층 깊어지고 섬세해진다.

요약하자면, 외국어 학습에서 단어는 결코 고립된 단위로 존재하지 않는다. 단어들은 서로 긴밀하게 연결된 의미의 그물망 속에서 작동하며, 이 관계망을 얼마나 깊이 이해하고 능숙하게 활용하느냐가 곧 언어 실력의 폭과 깊이를 결정한다.

결국 단어를 배운다는 것은 그 단어 하나만이 아니라, 그 단어가 속한 풍경 전체를 배우는 일이다. 유의어와 반의어는 그 풍경 속에서 길잡이 역할을 한다. 단어를 외울 때마다 그 단어의 '가까운 친구들'을 함께 기억하는 습관은 외국어와 오래, 그리고 잘 지내기 위한 든든한 방법이다. 언어는 단어의 단순한 집합이 아니라 관계로 이루어진 구조이며, 이 구조에 익숙해질수록 우리는 외국어라는 넓은 세계 속을 더욱 자연스럽고 자유롭게 걸어갈 수 있다.

## 10 입에 붙는 한 문장

외국어를 배울 때 가장 당혹스러운 순간은 낯선 표현이 어려워서가 아니라, 오히려 너무나 단순한 문장이 막힐 때다. 일본에서 함께 국제교류 수업을 하던 선생님이 한국에 방문했을 때의 일이다. 여러 한국 선생님과의 대화에서 나는 일본어 통역을 맡아 긴 대화를 무사히 이어갔다. 그런데 막상 헤어질 시간이 되자, 아주 평범한 한 마디가 입에서 떨어지지 않았다. 바로 "즐거운 여행 되세요"였다.

이 문장은 교재에서도, 드라마에서도 수없이 보아왔던 표현이었다. 하지만 머릿속에만 머물렀지, 내 입술에선 한 번도 길을 낸 적이 없었다. 단어는 알았지만, 그 조합을 실제로 소리 내어 반복해 본 적이 없었기 때문에 입이 굳어버린 채로 아쉬운 침묵만 흘렀다.

이 경험은 일본어뿐 아니라 영어, 스페인어에서도 반복되었다. "수고했어", "잘 지내"처럼 일상에서 가장 흔히 쓰이는 말들이 정작 필요할 때 떠오르지 않았다. 낯선 문장을 못 쓰는 것이 아니라, 가장 익숙해야 할 문장이 입 밖으로 나오지 않는 순간, 외국어 학습의 본질을 다시 생각하게 되었다. 결국 언어란 머리로 아는 것이 아니라, 입에 붙어야 한다는 단순한 사실을 뼈저리게 깨달은 것이다.

그렇다면 어떻게 해야 문장이 '입에 붙을' 수 있을까? 몇 가지 방법이 있다.

**첫째, 반복해서 소리 내어 말하기**다. 아무리 익숙한 표현이라도 눈으로만 읽는다면 입은 낯설다. 같은 문장을 여러 번 소리 내어 말하는 과정에서 비로소 입술과 혀가 기억을 시작한다. 이때 나는 '섀도 리딩(Shadow Reading)'과 '미미킹(Mimicking)'을 자주 활용한다. 섀도 리딩은 원어민의 발화를 들으며 거의 동시에 따라 말하는 훈련으로, 속도와 리듬을 몸에 익히는 데 효과적이다. 반면 미미킹은 한 문장을 끊어 듣고 억양과 감정, 뉘앙스까지 그대로 흉내 내는 방식으로, 단순한 발음을 넘어 자연스러운 말투를 익히는 데 도움이 된다. 마치 노래를 흉내 내듯 입으로 반복하다 보면, 머리로 생각하기도 전에 문장이 저절로 흘러나오는 순간이 찾아온다.

**둘째, 잘 아는 표현도 직접 써보기**다. 눈으로 읽고 귀로 들어 익숙해졌다고 해서 곧바로 내 것이 되지는 않는다. 짧은 문장이라도 시간을 들여 직접 손으로 써보면, 단어와 문법의 배치가 몸에 각인된다. 종이에 적어 내려가는 과정은 단순하지만, 기억을 훨씬 오래 남게 해준다.

**셋째, 문장의 구조를 유지하면서 일부 낱말을 바꿔가며 작문해 보기**다. 예를 들어 "Have a nice trip"이라는 문장을 익혔다면, 여기서 'trip'을 다른 낱말로 바꿔본다. "Have a nice day", "Have a nice meeting", "Have a nice class" 이렇게 응용해 보는 것이다. 구조는 그대로 두고 낱말만 교체하는 연습은 표현의 확장성을 키워주며, 실제 상황에서 문장을 유연하게 변형할 수 있는 힘을 길러준다.

**넷째, 상황별 단골 문장을 정해 두기**다. 인사, 감사, 축하, 사과처럼 자주 쓰이는 상황을 떠올리고, 그 상황에 맞는 문장을 미리 정해 반복한다. 그렇게 준비해 둔 문장은 실제로 같은 상황이 다가왔을 때 가장 먼저 입에서 흘러나온다.

**다섯째, 일상에서 의도적으로 자주 쓰기**다. 이미 아는 표현이라도 실제 대화에서 꺼내 쓰는 게 중요하다. 나는 주로 아내에게 연습하는데, 문제는 아내가 일본어나 스페인어를 전혀 못 한다는 점이다. 그래도 나는 계속 말한다. 아내는 "뭐라는 거야?"라는 표정을 짓고, 나는 속으로 "연습은 성공했다"라고 만족한다. 덕분에 그 표현은 점점 내 입에 붙고, 어느 순간 습관처럼 툭 튀어나온다.

이 방법들은 모두 거창한 계획이 필요 없다. 출근길 지하철에서 10분, 점심 식사 전 5분, 잠들기 전 3분처럼 짧은 시간에 집중해도 된다. 중요한 건 머릿속 지식이 실제 발화로 연결되도록 "내 입에 문장을 붙이는 훈련"을 반복하는 것이다.

결국 언어에는 특별한 비밀이 없다. 짧은 문장을 내 입과 손을 통해 계속 불러내는 과정, 바로 그 꾸준한 연습 속에서만 언어는 비로소 살아난다.

## 11 감정과 외국어 연결하기

외국어 학습은 단순히 단어와 문법 규칙을 외우는 일이 아니다. 그것은 개인적인 경험과 감정이 스며드는 여정이다. 처음에는 높은 담장처럼 느껴지던 언어도 어느 순간 감정이 얹히면 전혀 다른 얼굴을 보여준다. 언어와 감정이 만나면, 그것은 단순한 정보의 집합에서 나와 연결된 살아 있는 것으로 변한다. 그 순간부터 그 언어는 사전 속 기호가 아니라, 나의 경험과 이야기를 담은 매개체가 된다.

나는 교실에서 자주 이 과정을 목격한다. 초등학생들에게 특정 단어를 말하면, 반응은 거의 즉각적이다. 흥미로운 점은 언어보다 감정이 먼저 반응한다는 사실이다. 예를 들어 '시험'이라는 단어를 들었을 때, 어떤 아이는 긴장한 표정으로 어깨를 잔뜩 움츠린다. 반면, 또 다른 아이는 예전에 시험을 잘 봐서 칭찬받았던 순간을 떠올리며 입꼬리를 살짝 올린다. 같은 단어라도 그것이 불러오는 감정과 기억은 전혀 다르다. 우리 모국어 속에는 이렇게 수없이 많은 감정의 층위가 겹겹이 쌓여 있다.

반면, 외국어에는 처음부터 이런 정서적 결이 없다. 'test'라는 영어 단어를 들었을 때, 의미를 이해할 수는 있어도 '시험'이 주는 긴장감이나 설렘은 느껴지지 않는다. 감정이 덧입혀지지 않은 언어는 머리로만 이해될 뿐, 가슴까지 내려오지 않는다. "I love you", "愛してる[아이시떼루]", "Te amo[떼 아모]" 모두 사전적으로는 같은 뜻이지만, 우리에게 가장 깊게 와닿는 건 익숙한 모국어 표현 "사랑해요"다. 그 말에 얽힌 표정, 목소리, 관계까지 함께 떠오르기 때문이다.

그렇다면 외국어에 감정을 불어넣으려면 어떻게 해야 할까? 그 해답은 '경험' 속에 있다. 스페인어를 공부하며 각각으로 만났던 "**zumo**[수모](주스), **naranja**[나란하](오렌지), **exprimido**[엑스쁘리미도](착즙이 된)"라는 낱말들에 감정이 스며들었던 순간은 스페인의 한 마트에서였다. 기계 위에 올려져 있던 오렌지가 버튼을 누르자 데구루루 굴러 들어가고, 금세 착즙이 되어 컵에 주황빛 주스로 가득 차오르던 장면은 내 기억 속에 깊이 각인되었다. 아내가 특히 이 주스를 좋아했고, 그날 이후 마트에 들어갈 때마다 "El zumo de naranja exprimido"를 물어보며 주스를 내려 마셨다. 처음에는 단순한 외국어 낱말의 나열이던 이 표현은 어느새 오렌지가 올라가 있는 기계, 착즙 되며 나오던 상큼한 향, 그리고 함께 웃던 순간까지 모두 불러오는 말이 되었다.

일본어의 "神対応[카미타이오]"도 비슷하다. 처음에는 사전 속에서 '최고의 대접, 친절한 대응' 정도로만 이해되었지만, 도쿄에서 한국과 일본 교사들이 함께한 교류의 저녁 자리에서 그 말은 전혀 다른 얼굴을 보여주었다. 풍성한 음식과 따뜻한 환영 속에서, 마치 가족처럼 세심하게 챙겨주던 순간들이 내 마음에 깊이 스며들었기 때문이다. 웃음과 대화가 끊이지 않던 그 식탁 위에서 "神対応"는 단순한 표현이 아니라 넘치는 친절과 환대가 깃든 기억이 되었다. 그날 이후 이 말은 도쿄의 밝은 불빛 아래서 나눈 풍성하고 행복했던 저녁과 함께 떠오르는 특별한 언어가 되었다.

이처럼 감정이 언어에 스며들면 단어 하나가 장면이 되고, 경험이 되며, 감각의 기억까지 품게 된다. 심리언어학 연구도 같은 이야기를 한다. 캐서린 해리스(Katherine Harris)는 사람들이 모국어보다 외국어로 사고할 때 더 이성적이고 차분한 판단을 내린다고 밝혔다. 감정 연결이 약한 외국어일수록 뇌가 거리를 두고 바라보기 때문이다. 그러나 언어에 감정이 덧입혀지면 차갑던 분석의 도구가 따뜻한 소통의 매개로 변한다.

그렇다면 우리는 어떤 활동 속에서 외국어와 감정을 연결할 수 있을까?

- ▶ 외국인 친구와 인사 나누기 모임에 참여해 실제 감정을 주고받는 순간을 경험하기
- ▶ 좋아하는 영화의 한 장면을 따라 말하며, 대사에 담긴 감정까지 흉내 내 보기
- ▶ 마음에 남은 외국어 노래 가사를 일기처럼 적어보고, 당시의 감정을 덧붙여 기록하기
- ▶ 여행지나 교류 모임에서 들었던 짧은 인사를 같은 상황에서 다시 말해 보기

이처럼 작은 활동 하나하나가 언어에 감정을 입히는 계기가 된다. 교재 속 문장이던 것이 어느새 나만의 기억과 연결된 특별한 표현으로 바뀌는 것이다.

뇌 과학에서도 같은 이야기를 한다. NeuroLeadership Institute의 AGES 학습 모델은 효과적인 학습을 위해

네 가지 요소, 주의 집중(Attention), 생성(Generation), 감정(Emotion), 간격 두기(Spacing)가 필요하다고 강조한다. 이 중 감정은 장기 기억을 만드는 '접착제'와 같다. 좋아하는 언어로 된 노래 가사는 몇 번만 들어도 오래 기억되지만, 아무 감흥 없이 외운 단어는 금세 사라지는 이유가 여기에 있다.

결국 외국어 학습의 깊이는 그 언어와 얼마나 감정적으로 가까워졌는가에 달려 있다. "그냥 교재에 있던 표현이야"가 아니라, "그건 내가 힘들 때 들었던 노래 가사였어", "여행지에서 현지인이 웃으며 해준 인사였어"라고 말할 수 있다면 이미 그 언어는 우리 안에 들어온 것이다.

해외에서 직접 현지 언어를 쓰며 경험을 쌓는 것이 큰 도움이 되는 건 사실이다. 언어와 함께 그곳의 공기, 사람들의 표정, 거리의 풍경까지 오감으로 받아들이는 순간들은 강력한 감정적 각인을 남긴다. 그러나 누구나 해외에서 언어를 배울 기회를 얻을 수 있는 것은 아니다. 그렇다고 방법이 없는 것도 아니다.

나는 교실 안에서도, 일상에서도 감정이 스며드는 학습을 의도적으로 만들어 왔다. 국제교류 활동에서는 학생들과 함께 외국인 교사에게 직접 질문을 준비해 묻고, 돌아와서는 그때 썼던 표현을 반복해서 기록했다. 외국인과의 대화 모임에서는 단순히 대화를 즐기는 데서 그치지 않고, 대화 중에 웃음을 주었던 표현이나 상대가 자주 쓴 말투를 메모해 두었다가 집에 돌아와 다시 따라 해보았다. 원어 영상은 단순 시청이 아니라, 감정이 크게 움직인 장면의 대사를 받아 적고 발음까지 흉내 내며 다시 읽었다. 노래를 들을 때도 마음을 울린 가사 한 줄을 일기장에 옮겨 적고, 그 문장을 실제 대화에 넣어보려고 노력했다.

이처럼 '감정을 느낀 순간'을 단순한 경험으로 흘려보내지 않고, 메모 · 반복 · 활용으로 연결하면 그것은 곧 학습이 된다. 뜻을 다 알지 못해도 괜찮다. 감정을 따라가면 의미는 나중에 자연스럽게 따라온다. 외국어는 머리로만 배우는 것이 아니라, 마음으로 품는 것이다.

## 12 집에서도 해외 같은 환경 만들기

나는 사실 오랫동안 해외와는 거리가 먼 삶을 살아왔다. 32살 때 해외 출장을 위해, 내 자의로 처음으로 여권을 만들었고, 친구들은 그런 나를 두고 '흥선대원군'이라고 부르기도 했다. 대학 시절에도, 직장인이 된 후에도 외국에 나갈 기회는 없었다. 솔직히 말해 굳이 나가지 않아도 된다고 생각했다. 한국에서도 충분히 의미 있는 순간들을 경험할 수 있다고 여겼고, 무엇보다 해외에 나가기에는 아직 준비되지 않았다는 느낌이 더 컸기 때문이다.

외국어 학습을 시작했을 때, 가장 먼저 머릿속을 스친 생각은 '과연 외국에 가지 않고도 외국어를 제대로 배울 수 있을까?'였다. 언어는 결국 그 언어가 쓰이는 문화와 삶 속에서 배우는 것이라고 들었는데, 물리적으로 그 환경 안에 들어가지 않고 그 생생함을 체득할 수 있을까 싶었다.

하지만 외국어 학습을 시작한 지 몇 년이 지난 지금, 나는 자신 있게 말할 수 있다. 충분히 가능하다. 그리고 나는 실제로 그 길을 걸어왔다.

우리는 지금, 외국에 가지 않아도 외국어를 효과적으로 배울 수 있는 가장 좋은 시대에 살고 있다. 뉴욕타임스 칼럼니스트 토머스 프리드먼(Thomas L. Friedman)이 말했듯, 세상은 '평평해졌다.' 국경은 여전히 존재하지만, 디지털 환경 속에서는 장벽이 거의 느껴지지 않는다. 유튜브로 스페인의 길거리 공연을 실시간으로 보고, 출퇴근길에는 일본 라디오를 듣고, 세계 각국의 언어로 전해지는 뉴스를 손쉽게 접하는 일은 이제 너무도 간단하다.

하지만 이러한 환경은 자연적으로 주어지지 않는다. 철저히 나의 노력으로 '리모델링'해야 한다. 성공적인 리모델링을 위해서는 언어에 나를 최대한 노출시키고자 하는 강한 의지가 필요하다. 책 속의 단어를 아무리 많이 외워도, 생활 속에서 그 언어가 숨 쉬지 않는다면 금세 사라져 버린다. 결국 언어가 힘을 가지려면, 내 삶 속에서 살아 있는 존재가 되어야 한다.

해외에 나갈 수 없는 상황이었던 나는, 대신 주변 환경을 바꾸기 시작했다. 첫 번째로 바꾼 건 스마트폰 언어 설정이었다. 한국어 메뉴를 일본어나 스페인어로 바꾸자, 가장 익숙하던 화면이 갑자기 낯선 공간이 되었다. 자주 쓰던 기능도 한참을 찾아야 했고, 단어를 유추하거나 검색하는 일이 일상이 됐다. 이 불편함이야말로 최고의 교재였다. 매일 손에 쥐는 스마트폰이 가장 가까운 '생활 언어 공간'이 되었고, 언어는 교재 속의 활자가 아니라 내 손끝에서 움직이는 실용 도구가 됐다.

두 번째 변화는 유튜브 지역 설정이었다. 일본어를 공부할 때는 지역을 일본으로, 스페인어를 배울 때는 스페인이나 멕시코, 아르헨티나 등 남미 국가로 설정했다. 이 작은 조정 하나로 알고리즘은 완전히 달라졌다. 검색하지 않아도 현지 뉴스, 길거리 인터뷰, 드라마, 브이로그가 추천 목록에 쏟아졌다. 잠깐 쉬는 시간에 영상을 켜면, 그 나라의 소리와 억양이 자연스럽게 귀에 스며들었다. 작은 클릭 하나가 만든 몰입 환경이었다.

[이미지] 외국어 관련 콘텐츠가 많이 노출된 나의 유튜브 알고리즘

여기에 더해, 나는 집 안 곳곳을 언어 학습 공간으로 바꿨다. 바로 '라벨링 학습'이었다. 요리할 때 종종 쓰는 후추는 스페인어로 pimienta[삐미엔따], 실제로는 LED 전등이지만 전등 스위치에는 일본어로 형광등을 뜻하는 蛍光灯[케이코오토우]처럼 단어를 적어 붙였다. 하루에도 여러 번 사용하는 물건이 단어장이 되었고, 무심코 손이 가는 순간마다 그 단어가 눈에 들어왔다. 단순히 외워야 하는 글자가 아니라, 생활 속에서 쓰이는 '살아 있는 단어'로 변하는 과정이었다.

심지어 우리 집에는 '인터내셔널 룸'이라는 별명이 붙은 공간도 있다. 바로 화장실이다. 내가 들어갈 때마다 외국어 영상이나 팟캐스트를 틀어두었기 때문이다. 일본어, 스페인어, 영어, 때로는 중국어나 인도네시아어까지, 다

양한 언어가 뒤섞여 들려왔다. 어느 날 아내가 "여긴 국제회의 열리는 곳 같네"라고 웃으며 말했는데, 그 별명이 꽤 마음에 들었다. 작은 공간이었지만, 그 안은 내가 다른 나라로 순간 이동하는 몰입 구역이었다.

외국어를 배우면서도 나는 가족과의 시간을 해치지 않으려 했다. 억지로 시간을 쪼개는 대신, 일상 속에서 자연스럽게 언어를 끼워 넣었다. 저녁에는 외국어 자막이 포함된 콘텐츠를 함께 보고, 주말 산책길에는 보이는 풍경과 사물을 배우고 있는 언어로 떠올려 보았다. "저건 나무, 저건 강, 저건 하늘이구나" 하며 마음속으로 속삭이는 일은 작은 놀이 같았고, 그 덕분에 단어가 머릿속에 오래 남았다. 아내는 일본어를 전혀 못 했지만, 내가 가장 자주 일본어로 말을 건 대상은 아내였다. JLPT 시험 접수란의 '일본어 대화 상대' 칸에는 주저 없이 '배우자'라고 적었다.

나는 사람들과 어울리는 것보다 조용한 공간에서 나만의 리듬으로 시간을 보내는 걸 더 좋아하는 편이다. 그래서 외국어를 배울 때도 학원이나 오프라인 스터디 모임보다는 유튜브, 블로그, 팟캐스트 같은 비대면 콘텐츠를 활용했다. 화면 속 원어민들이 실제 상황에서 쓰는 표현을 관찰하고, 그대로 따라 하며 익혔다. 그들은 내 앞에

앉아 있는 선생님은 아니었지만, 분명히 나를 언어의 길로 안내하는 동반자였다.

많은 시간을 투자하지 못하더라도, 틈틈이 외국어가 있는 환경을 만드는 것은 중요하다. 스마트폰을 켤 때, 식사 준비 중에 영상을 틀어둘 때, 산책하며 들은 표현을 따라 말할 때, 이 모든 순간이 학습의 시간이 된다. 언어는 공부해야 하는 대상에서 '늘 곁에 있는 것'으로 변한다.

물론 이런 환경에 나를 밀어 넣는 일은 쉽지 않다. 누군가는 편히 쉴 공간을 왜 이렇게까지 리모델링해야 하냐고 반발할지도 모른다. 사실 나 역시 뇌가 늘 켜져 있는 듯한 피로감을 느낀 적이 있다. 그러나 한 가지는 분명하다. 세상에 공짜는 없으며, 고통 없는 성취도 없다.

가끔 사람들은 내게 이렇게 묻는다. 해외 경험이 없는데도 외국어를 배울 수 있었냐고. 그럴 때마다 나는 웃으며 말한다. 지금은 집 안에서도 충분히 세상과 연결될 수 있는 시대라고. 내 책상 위에는 여권 대신 언어 노트가 있고, 거실 TV에서는 세계 각국의 언어가 흘러나오며, 화장실에서는 오늘도 다양한 나라의 말이 울려 퍼진다. 나는 여기서 살지만, 동시에 거기를 살아간다.

# 13 상호작용의 힘

외국어 학습에서 환경을 조정하는 것은 기초 체력을 다지는 과정이다. 스마트폰 언어 설정, 유튜브 알고리즘, 집 안 곳곳의 라벨링, 일상에서 흘러나오는 다양한 언어들은 분명 도움이 된다. 하지만 그것만으로는 부족하다. 언어는 결국 사람과 부딪히며 배우는 것이기 때문이다. 실제 상호작용을 경험할 때 학습 효과가 몇 배로 커진다는 사실은 여러 연구에서도 확인된다.

흔히 '몰입(immersion)'이라는 개념이 외국어 학습의 만능열쇠처럼 이야기된다. 현지 또는 현지와 유사한 환경에 들어가 푹 잠기면, 마치 아이가 모국어를 배우듯 자연스럽게 언어를 습득할 수 있다는 믿음이다. 이 때문에 몰입은 유학, 워킹홀리데이, 어학연수 같은 프로그램을 정당화하는 논리로 자주 쓰인다. 실제로 낯선 환경 속에서 생존을 위해 언어를 사용해야 하는 압박이 학습을 촉진하는 순간이 있는 것도 사실이다.

그러나 이는 절반의 진실에 불과하다. 준비되지 않은 상태에서 갑자기 상호작용에 뛰어들면, 불안과 피로만 쌓이고 배움은 적다. 언어는 단순히 노출만으로 습득되지 않는다. 워싱턴 대학교 패트리샤 쿨(Patricia Kuhl) 교수 연구팀의 실험은 이 점을 분명히 보여준다. 연구팀은 생후 9개월 된 미국 아기들을 대상으로 중국어 학습 실험을 진행했다. 한 집단은 중국인 화자가 직접 아기와 놀면서 말을 걸었고, 다른 집단은 같은 내용을 녹화된 TV 영상이나 오디오로만 접했다. 결과는 극명했다. 직접 사람과 상호작용한 아기들은 중국어의 음소를 구별할 수 있었지만, 영상이나 오디오만 접한 아기들은 아무런 학습 효과를 보이지 못했다. 언어 습득은 본질적으로 사회적 과정이기 때문에, 살아 있는 상호작용이 없으면 아무리 많이 들어도 결국 '소음'으로 흘러가 버리는 것이다. 결국 몰입이 효과적으로 작동하려면, 이미 준비된 기초 위에 사람과 관계 맺는 경험이 더해져야 한다.

따라서 중요한 것은 "곧장 몰입하는 것"이 아니라 "상호작용을 목표로 삼아 준비하는 것"이다. 기초 표현과 기본 문장을 쌓아두면, 실제 상호작용의 순간을 만났을 때 그동안 학습한 것을 활용하며 진정으로 몰입할 수 있다. 준비된 짧은 한마디가 상대와의 거리를 좁히고, 그 순간이 강렬한 학습으로 이어진다.

나 역시 인도네시아 방문을 앞두고 인사말과 자기소개 같은 기본 표현을 준비했다. 덕분에 현지에서는 "Selamat pagi[슬라맛 빠기](좋은 아침)"나 "Selamat malam[슬라맛 말람](좋은 저녁)"을 자연스럽게 쓸 수 있었고, 순다족이 많은 지역에서는 현지어 "Hatru nuhun[하뜨루 누훈](감사합니다)"까지 빠르게 익혀 사용할 수 있었다. 짧은 표현이었지만, 그 한마디가 사람들과 거리를 좁히는 데 큰 힘을 발휘했다.

또한 언어를 배운다는 것은 단순히 개인적 준비에서 끝나지 않았다. 나는 4개 국어 낱말 숏츠를 제작해 공유하거나, 한국 뉴스를 세 가지 난이도로 나누어 유튜브에 올려 학습자들과 소통했고, 네이버 사전에 없는 낱말 · 어구 · 문장을 모아 오픈 사전을 만드는 작업에도 참여했다. 이러한 활동은 단순히 내 학습을 강화하는 데서 그치지 않고, 다른 학습자들과 연결되는 또 다른 상호작용의 장이 되었다. 누군가의 피드백이 다시 나의 배움으로 돌아오면서,

언어는 '개인 공부'에서 '사회적 공유'로 확장되었다.

언어 학습은 기초 체력과 상호작용이 맞물려야 비로소 살아 있는 힘을 가진다. 혼자 하는 준비는 상호작용의 발판이 되고, 상호작용은 그 준비를 실제 소통으로 확장시킨다. 해외든 국내든 중요한 것은 환경이 아니라 태도와 준비다. 상호작용을 목표로 삼아 학습을 이어갈 때, 언어는 책 속 지식을 넘어 삶 속으로 스며들게 된다.

이 점은 외국어 학습에서의 몰입 신화를 새롭게 해석하게 한다. 낯선 환경에 몸을 던진다고 해서 언어가 저절로 늘지 않는다. 준비되지 않은 상태에서는 현지의 언어조차 제대로 활용하지 못하고, 오히려 불안과 피로만 커진다.

결국 언어 학습의 본질은 '혼자 하는 준비'와 '타인과의 상호작용'이 맞물려 돌아가는 것이다. 혼자 쌓은 기초 체력은 언어 환경에 발을 내디딜 힘을 주고, 사람과의 상호작용은 그 힘을 실제 소통으로 전환한다. 둘 중 하나만으로는 충분하지 않다. 기초가 없다면 기회를 잡지 못하고, 상호작용이 없다면 언어는 여전히 책 속 지식에 머무른다. 언어가 살아 있는 힘으로 내 삶 속에 자리 잡는 순간은 바로 이 두 축이 만나는 지점에서 비로소 찾아온다.

영어, 일본어, 스페인어를 익힌
알뜰한 방법

제5부

# 외국어와 틀어지는 계기

## 1 반복되는 잘못된 학습법 적용

내 첫 번째 실패는 영어였다. 중 · 고등학교 시절 내내 영어는 늘 시험의 대상이었다. 단어장을 외우고, 듣기 평가를 준비하고, 문법 문제를 반복하며 몇 년을 보냈다. 성적은 괜찮았지만, 정작 외국인 앞에 서면 아무 말도 나오지 않았다. 지하철역에서 길을 묻는 외국인을 만났을 때, 머릿속이 하얘지고 입이 떨어지지 않았던 기억은 지금도 선명하다. 그 순간, 내가 해온 공부가 과연 진짜 영어였을까 하는 의심이 시작됐다.

아마 나뿐만이 아닐 것이다. 많은 사람이 영어에서 비슷한 좌절을 겪는다. 누군가에게 영어는 첫 실패였고, 또 어떤 이들에게는 처음이자 마지막 실패이기도 할 것이다. 영어 학습에서의 좌절 이후, 다시는 다른 언어를 시도하지 않고 '나는 언어에는 소질이 없어'라며 포기해 버린 경우도 적지 않다. 그래서 영어는 많은 한국인에게 첫 외국어이자 동시에 마지막 외국어로 남아 있곤 한다.

영어에서의 좌절 이후, 고등학생 때 제2외국어로 선택한 일본어도 크게 다르지 않았다. 사실 일본어를 배우려 했던 계기는 단순했다. 어릴 적부터 좋아하던 만화 '짱구' 덕분이었다. 부모님이 시청을 금지했을 때도 몰래 찾아볼 만큼 좋아했기에, 일본어는 나에게 그만큼 익숙하고 호기심이 가는 언어였다. 그래서 막연히 "한번 배워볼까?" 하는 마음으로 제2외국어로 일본어를 선택했었다.

그러나 막상 시작해 보니 방향이 문제였다. 무엇을 하고 싶다는 뚜렷한 목적의식은 없었고, 그냥 교과서가 시키는 대로 히라가나와 가타카나를 외우는 데서 출발했다. 거기서 멈추지 않고 한자를 쓰며 외우기도 했고, 교재에 나오는 진부한 예문들을 반복해 암기했다. 하지만 그 문장들은 내 삶과 전혀 연결되지 않았다. 입 밖으로 꺼낼 기회조차 없었고, 결국 일본어 학습은 흥미를 잃은 채 흐지부지 끝나버렸다.

스페인어도 크게 다르지 않았다. 알파벳을 공유한다는 점에서 일본어보다는 접근이 쉬웠지만, 내 학습 태도는 그대로였다. 교재 속에 나오는 문장을 외우고, 단어장을 붙잡고 씨름했지만, 현실 속에서 활용할 수 있는 기회는 없었다. 책상 앞에서만 존재하는 언어는 금세 힘을 잃었다. 머리로는 아는 것 같은데, 막상 입을 열면 아무 말도 나오지 않았다. 결국 스페인어도 일본어와 같은 길을 걸었고, 내 두 번째, 세 번째 실패로 남았다.

그런 실패들이 차곡차곡 쌓이고 나서야, 나는 비로소 에디슨의 말을 다시 떠올리게 되었다.

"나는 실패한 것이 아니다. 단지 작동하지 않는 방법을 1,000가지 발견했을 뿐이다."

예전에는 교과서에 자주 등장하는 '천재들의 정신 승리' 정도로만 여겼던 문장이었다. 하지만 직접 외국어 학습의 실패를 겪고 나니, 그 문장은 전혀 다른 울림으로 다가오기 시작했다. 어느 날은 포기하고 싶은 순간, 나를 붙잡는 작은 구호처럼 들렸고, 또 어느 날은 말 그대로 내 마음을 대변해 주는 문장처럼 다가왔다. 실패가 쌓일수록, 그 말의 무게도 함께 깊어졌다.

30대에 다시 언어를 배우기 시작하면서 나는 두 가지 다짐을 세웠다.

1. 언어를 점수나 시험이 아닌 사람과 연결하는 도구로 바라보기
2. 정해진 순서로 공부해야 한다는 생각 버리기

첫 번째 다짐을 지키기 위해 나의 직무와도 관련 있으면서도 최대한 다양한 언어를 활용할 수 있는 기회들을 많이 찾아 나섰다. 교육청 국제 공동수업에서 시작해, 일본 · 콜롬비아 학교와 교류 수업을 기획했다. 학생들이 직접 외국어로 인사하고 간단한 문장을 주고받는 활동을 보며, 교재가 아닌 관계 속에서 언어가 살아난다는 것을 느꼈다. 이어 APEC ALCoB 교사단 활동에도 참여했다. APEC ALCoB 교사단은 APEC 21개국 교사와 학생들이 함께하는 국제교육공동체로, 다양한 교류 수업과 프로젝트를 통해 서로의 교육 경험을 나누고 세계시민 역량을 키워가는 활동이다. 해외 교사들과 협력 수업을 하면서 영어로 발표하고, 자료를 만들어 가는 경험은 책상 앞 공부와는 전혀 다른 차원의 배움이었다.

두 번째 다짐은 정해진 순서대로 공부해야 한다는 강박을 버리는 일이었다. 교재 목차에 따라 차례로 진도를 나가는 방식은 늘 중간에서 지치게 했다. 그래서 이번에는 거꾸로 접근했다. 흥미가 가는 표현부터, 당장 필요하

거나 자주 쓰일 만한 문장부터 집어 들었다. 때로는 단어 하나만 반복해서 외우고, 또 어떤 날은 드라마 한 장면 속 대사를 따라 하는 것으로 공부를 끝내기도 했다. 그렇게 자유롭게 학습 경로를 바꾸니 오히려 꾸준히 이어갈 수 있었고, 작은 성취들이 쌓여 언어의 뿌리가 되었다.

언어 학습이 잘되지 않았던 시절을 떠올려 보면, 거기에는 늘 공통된 문제가 몇 가지 있었다. 동기의 부족, 비효율적인 학습 방식, 그리고 무엇보다도 나에게 맞지 않는 방법으로만 배우려 했다는 점이다. 나는 늘 교재 속 진부한 예문을 외우거나, 시험을 위한 단어와 문법에 매달렸다. 하지만 그것들은 나의 필요와는 거리가 멀었고, 결국 금세 흥미를 잃게 했다. 그럼에도 불구하고 나는 매번 같은 방식으로 다시 시작했고, 같은 지점에서 멈추곤 했다. 그래서 쉽게 이렇게 결론지었다. '나는 언어에 재능이 없나 보다.' 하지만 지금은 안다. 그것은 재능의 문제가 아니라, 방법의 문제였다. 나와 맞지 않는 방식을 반복하면서 다른 결과를 기대했던 것, 그것이야말로 실패를 거듭하게 만든 진짜 이유였다.

에디슨의 말처럼, 그것은 실패라기보다는 단지 작동하지 않는 방식이었을 뿐이다. 중요한 건 '왜 나는 지금까지 실패했을까?'라는 질문을 던지고, 그 답 속에서 나에게 맞는 학습 방법을 찾아내는 일이다. 실패를 외면하지 않고 곱씹을 때, 그 안에서 새로운 방향이 보인다. 고통스러운 경험 같지만, 사실은 더 나은 방법으로 가는 단서가 숨어 있는 것이다. 우리가 같은 실패를 반복하는 이유는 대개 능력이 부족해서가 아니라, 아직 자신에게 맞는 방식을 발견하지 못했기 때문일지도 모른다.

외국어 학습에서 실패한 경험이 있다면, 그것을 꼭 '실패'로만 보지 않아도 된다. 그것은 다음 성공을 위한 중요한 자료다. 실패를 곱씹고, 거기서 배운 것을 삶에 맞게 바꾸는 순간, 실패는 더 이상 같은 실패가 아니다. 그건 새로운 시작이 된다. 조금 더 나은 방식으로, 조금 더 다정한 시선으로, 언어와 마주해 보자.

## 2 완벽주의의 함정

일본 공포영화를 떠올리면 으스스한 느낌이 먼저 떠오른다. 한국 공포영화가 대개 원한이라는 감정을 중심에 두는 반면, 일본 공포영화는 그보다 훨씬 더 차갑고 낯선 불안감을 건드린다. 한국 영화 속 귀신은 억울한 일을 당한 존재이고, 그 귀신이 괴롭히는 대상은 대개 그 억울함에 책임이 있는 사람들이다. 권선징악의 구조, 나쁜 일이 벌어지면 반드시 그에 상응하는 대가가 주어진다는 일종의 도덕적 질서가 존재한다. 하지만 일본 공포영화는 다르다. 착한 사람도, 평범한 사람도, 심지어 아무 연관도 없는 이들조차 무차별적으로 희생당한다. 이 예외 없는 비극은 처음엔 기괴하고 낯설게 느껴졌다.

그러다 어느 날, 애니메이션 영화 『스즈메의 문단속』을 일본어 원서로 읽고 난 뒤, 그 정서가 어디서 비롯된 것인지 어렴풋이 감이 잡히기 시작했다. 영화의 주요 메시지 중 하나는, 자연재해는 누구도 가리지 않는다는 사실이었다. 감독 신카이 마코토는 이 작품을 동일본 대지진 당시의 기억을 바탕으로 만들었다고 한다. 일본은 지진, 해일, 태풍 등 자연재해가 일상처럼 발생하는 나라다. 그래서인지 일본 사회 전반에는 '불가항력'이라는 정서가 깊이 배어 있다. 일본 공포영화 속 무차별적인 죽음도 어쩌면 그런 감정의 반영이 아닐까. 누군가의 잘못 때문이 아니라, 그저 그 자리에 있었기 때문에 희생되는 상황. 어쩌면 공포영화 속 무차별적 비극으로도 드러나는 것일지 모른다.

그때 이런 생각이 들었다. '완벽이란 게 정말 있을까? 아무리 노력해도 뜻대로 되지 않는 일이 있는데.' 우리는 흔히 모든 걸 계획하고 준비하면 반드시 원하는 결과를 얻을 수 있다고 믿는다. 하지만 삶은 늘 그 믿음을 흔든다. 아무리 최선을 다해도 우리의 힘으로 바꿀 수 없는 결과는 분명 존재한다.

한국에는 '진인사대천명(盡人事待天命)'이라는 말이 있다. 일본에도 비슷한 표현인 '人事を尽くして天命を待つ'가 있다. 내가 할 수 있는 만큼 최선을 다하되, 그다음은 담담히 받아들이는 태도. 이 거창한 진리가 외국어 학습에서도 적용된다.

외국어를 배울 때 나는 완벽을 목표로 했다. 문법을 틀리지 않기 위해 말하기를 망설였고, 단어가 생각나지 않으면 입을 다물었다. 모든 문법 규칙과 표현을 정확히 숙지해야 한다고 믿었고, 그러지 못하면 부끄러운 줄 알았다. 그리고 이에 대한 완벽주의가 나의 언어 실력을 완벽하게 바꾸어줄 줄 알았다.

결과는 정반대였다. 학습의 흐름이 자주 끊겼고, 의욕은 금세 떨어졌다. 언어학자 스티븐 크라센이 말한 '모니터 가설(Monitor Hypothesis)'도 이와 비슷한 맥락을 짚는다. 그는 학습자가 문법에 지나치게 집착하면 유창성이 떨어지고, 자연스럽게 말하기가 어려워진다고 지적한다. 나 역시 그랬다. 말을 꺼낼 때마다 머릿속에서는 '이게 맞나? 틀렸나?' 끊임없이 모니터링을 하느라, 정작 말 자체가 나오지 않았다.

나는 결국 방향을 바꾸었다. 완벽을 좇기보다 지금 필요한 것부터 해나가기로 했다.

**[표] 이전 습관과 새롭게 바꾼 방식**

| 이전 습관 | 바꾼 방식 | 달라진 점 |
|---|---|---|
| 의사소통 네 영역을 매일 골고루 학습 | 당장 필요한 듣기 · 말하기 중심으로 학습 | 말문이 조금씩 트이고, 자신감 회복 |
| 모든 단어 기록 | 자주 만나는 단어만 학습 | 부담은 줄고, 실제 활용도는 높아짐 |
| 하루도 빠지면 안 된다는 강박 | 쉬는 날도 학습의 일부로 인정 | 학습이 꾸준해지고 지치지 않음 |

듣기, 말하기, 읽기, 쓰기. 네 가지 영역을 모두 잘해야 한다는 생각도 결국 나를 더 지치게 했다. 하나라도 부족하면 안 된다는 강박 때문에 매일 모든 영역을 균등하게 공부하려 애썼지만, 진도는 더디고 의욕은 쉽게 소진되었다.

그래서 나는 전략을 바꾸었다. 모든 영역을 골고루 잘하려는 대신, 가장 필요한 영역에 우선순위를 두기로 했다. 당장 내가 말하고 듣는 데 필요한 표현부터 익히자는 쪽으로 방향을 틀었다.

우리의 모국어 발달 과정을 떠올려 보면, 듣기, 말하기, 읽기, 쓰기 네 가지 언어 영역 중 쓰기가 가장 늦게 발달하는 영역이다. 외국어도 마찬가지였다. 특히 일본어는 히라가나, 가타카나, 한자까지 여러 문자가 함께 사용되기 때문에, 쓰기 학습에는 생각보다 오랜 시간이 걸렸다.

그래서 초반에는 과감하게 듣기, 읽기, 말하기에 집중하기로 했다. 그리고 그 전략은 꽤 효과적이었다. 글씨를 쓰지 못해도 말은 통했고, 내용은 충분히 이해할 수 있었다. JLPT 1급을 취득한 지금도 쓰기만큼은 여전히 어렵다.

하지만 이제는 조급하지 않다. 언젠가는 자연스럽게 쓰기도 따라오겠지. 그렇게 마음을 놓아보았다. 언어는 평생 쓰고, 평생 익혀가는 것. 지금 당장 완벽하지 않아도 괜찮다. 나는 오늘도, 나만의 속도로 말하고, 듣고, 이해하고, 그리고 언젠가는 천천히 써 내려갈 것이다.

그뿐만 아니라 이전의 나는 마치 사전 한 권을 통째로 삼키려는 사람처럼 모르는 단어나 문장, 관용어가 나오면 그 즉시 단어장에 정리하곤 했다. 그렇게 한번 들어온 물고기가 빠져나갈 수 없을 정도로 촘촘한 그물을 만들고자 했다. 그리고 들어온 물고기가 빠져나감에 힘들어했다.

'유럽 언어 공통 참조 기준(CEFR, Common European Framework of Reference for Languages)'에 따르면, 일상적인 대화를 위한 수준을 뜻하는 A2는 약 1,000~1,200개의 어휘면 충분하다고 한다. B1은 약 2,500단어, B2는 3,500단어 정도면 가능하다. 그래서인지 외국어 학습을 하다 보면 어떤 단어는 한번 만나고 다시 만나지 못하는 경우가 있지만, 어떤 단어는 자주 만나게 된다.

그래서 지금은 자주 만나는 단어를 중심으로 정리하고 학습하고 있다. 처음엔 단어장에 적는 양이 줄어든 것이 불안했다. 무언가 빠뜨리고 있다는 느낌도 들었다. 그런데 실제 회화를 해보면, 정말 생각보다 적은 단어들만으로도 의사소통이 가능하다는 걸 체감하게 된다. 전문적인 대화를 위해 필요하다고 일컬어지는 수준인 C2를 위해 필요한 7,000단어는 지속해서 나아가야 할 목표일 뿐, 처음부터 그 수준이 필요한 건 아니다.

그리고 마지막으로 얻은 중요한 깨달음은 '쉬는 것도 학습의 일부'라는 것. 꾸준히 끈기를 가지고 매일 외국어를 학습하는 것은 필요한 일이지만, 가끔 몸 상태가 좋지 않아 오늘은 정말 쉬어야 하는 때와 같은 순간들이 있다. 과거의 나는 이런 상황에서도 쉬는 것에 죄책감을 느꼈다. 하루라도 쉬면 뭔가를 놓치는 것 같았고, 그 하루가 곧 학습 의지를 무너뜨릴 것 같았다. 하지만 이제는 안다. 뇌는 쉬는 동안 정보를 정리하고, 마음은 그 틈에서 다시 숨을 고른다. 쉼 없이 달리기만 하면 결국 지치고, 그 지침은 멈춤이 된다.

마라톤을 완주하는 사람은 속도를 조절할 줄 안다. 언어 학습도 마찬가지다. 누구의 페이스가 아니라, 나의 호흡에 맞춰 가야 한다. 완벽함을 목표로 삼기보다는, 지금 내가 할 수 있는 것을 정직하게 해나가는 것. 그게 결국 가장 오래, 가장 멀리 가는 길이라는 걸 이제는 조금 알 것 같다.

# 3 의심암귀

나는 원래 도전을 두려워하지 않는 편이었다. 새로운 것을 배우는 데 겁이 많지 않았고, 낯선 세계에 발을 들이는 일도 자연스럽게 받아들였다. 실패해도 다시 시작하면 된다고, 천천히 가더라도 언젠가는 도착할 수 있다고 믿었다. 그런데 유독 외국어만은 달랐다. 외국어를 자유롭게 구사하는 사람들을 마주하면, 내 안의 자신감이 금세 꺼져버렸다. 그들의 막힘없는 말투와 여유로운 표정을 보며 "나는 왜 저렇게 못 할까?"라는 의심이 스며들었고, 그 순간만큼은 내 가능성을 믿는 힘이 흔들렸다.

나는 이들이 어떻게 배웠는지, 어떤 시간을 쌓아왔는지 정확히 알지 못했다. 하지만 스스로 선을 그었다. "그 사람은 어릴 때부터 배웠겠지." "유학 다녀왔으니 당연히 잘하지." 이렇게 합리화하며, 그들의 성취를 내 삶과는 다른 세계의 일로 치부했다.

겉으로는 남을 높이고 나를 낮추는 듯한 겸손처럼 보였지만, 사실은 도전하지 않아도 괜찮다는 자기 위안이었다. '나는 안 될 거야'라는 전제는 나약한 말처럼 들리지만, 오히려 나를 편안하게 감싸주는 생각이었다. 도전하지 않으면 실패할 일도 없었고, 결과 앞에서 스스로를 책망할 일도 없었다. 그래서 나는 가능성의 문 앞에 서서 문을 두드리기보다, 애초에 그 문은 내 것이 아니라고 속삭이며 등을 돌렸다.

그러나 결국 내가 해야 했던 건 비교하거나 의심하는 일이 아니었다. 아주 조용히, 사소하게라도 '한번 해보자'라고 마음먹는 일, 그것이 시작이었다. 말보다 앞서가는 생각을 잠시 멈추고, 불완전한 발음을 두려워하지 않는 용기를 내는 것. 그게 진짜 첫걸음이었다.

'의심암귀(疑心暗鬼)'라는 말이 있다. 마음속에 의심이 가득하면, 없는 귀신조차 만들어낸다는 뜻이다. 실제로는 아무 일도 없는데, 혼자 불안해하며 그림자를 괴물로 오해하고, 마침내 스스로를 위협하는 존재로 만들어버리는 것이다. 외국어 학습에서도 그런 일이 종종 일어난다. 눈

앞에 있는 건 단지 낯선 단어 하나, 아직 익숙하지 않은 문장 하나일 뿐인데, 마음속에서는 이미 복잡한 이야기가 시작된다. '이제 시작해도 너무 늦은 건 아닐까?' '나는 원래 언어에 소질이 없는 사람일지도 몰라.' 작은 의심은 먼지처럼 사라질 수도 있지만, 반복되면 벽처럼 단단해진다. 결국 아무도 막지 않았는데, 스스로 걸음을 멈추게 된다.

서커스단의 코끼리 이야기가 있다. 어린 코끼리는 말뚝을 뽑으려 애쓰지만, 힘이 부족해 매번 실패한다. 결국 포기하고, 성체가 되어 충분히 뽑을 수 있는 힘이 생겨도 더 이상 시도하지 않는다. 말뚝이 아니라, "나는 안 된다"라는 오래된 기억이 코끼리를 묶어두는 것이다. 이 이야기를 처음 들었을 때, 문득 나도 같은 말뚝에 묶여 있는 건 아닐까 싶었다.

하지만 곰곰이 생각해 보면, 우리는 이미 언어를 배워 본 경험이 있는 사람들이다. 모국어를 익힐 때, 아무도 문법을 가르쳐주지 않았고, 수없이 틀리고 다시 흉내 내며 배웠다. 그 과정을 거쳐 지금은 이렇게 글을 읽고 쓰고 있지 않은가. 외국어도 본질은 다르지 않다. 왜 모국어에는 허락했던 실수를, 외국어에는 허락하지 못하는 걸까?

물론 세상에는 노력만으로는 넘을 수 없는 한계도 있다. NBA 선수가 되려면 훈련 외에도 신체 조건이라는 절대적인 요소가 분명히 존재한다. 아무리 열심히 점프 훈련을 해도, 키가 190cm가 넘는 선수들과 같은 무대에 서기란 어렵다. 타고난 요소가 극복할 수 없는 한계를 만드는 영역이 분명히 있다. 하지만 언어는 다르다. 언어는 누구에게나 열려 있다. 나이, 직업, 배경과 무관하다. 이미 한 언어를 배워 사용하고 있는 우리는 모두 새로운 언어를 배울 힘을 충분히 지니고 있다.

언어 학습에서 가장 자주 우리를 주저앉히는 건 "나는 잘하고 있는 걸까?"라는 자기 의심이다. 그러나 오늘 한 단어라도 외우고, 한 문장이라도 소리 내어 말했다면, 우리는 이미 어제보다 한 걸음 더 나아간 것이다. 언어는 경쟁이 아니라 여정이다. 더 빨리, 더 유창하게 앞서는 게 중요한 게 아니라, 나의 속도로 꾸준히 걷는 게 중요하다.

비교와 불안은 마음을 흩뜨리고, 흩어진 마음은 언어를 막는다. 반대로 평온함 속에서는 비로소 말이 흘러나온다. 그러니 멈추지 말자. 우리가 묶여 있다고 믿었던 말뚝은 생각보다 쉽게 뽑힌다. 단단한 것은 말뚝이 아니라 주저앉은 마음이다.

완벽하지 않아도 괜찮다. 작은 걸음을 내디디는 것, 그것이 진짜 힘이다. 언어는 결국 사람을 잇는 다리이기에, 편안한 마음으로 걸어야 비로소 길이 열린다. 남과 비교하지 않고, 어제의 나와 한 뼘 더 가까워지는 데 집중하자.

그리고 기억하자. 이 길은 혼자의 길이 아니다. 이미 그 길을 걸어온 이들이 있고, 지금도 곁에서 함께 걷고 있는 이들이 있다. 때로는 멀찍이 앞서 걷는 이들이 우리를 이끌어주고, 때로는 옆에 선 동료들이 같은 속도로 걸음을 맞춰준다. 언어는 단지 말의 도구가 아니라, 서로를 연결하고 함께 가게 만드는 따뜻한 끈이다.

그러니, 계속해 보자. 단어 하나를 기억하고, 문장 하나를 말해 보며, 스스로에게 '괜찮다'라고 다독여 보자. 그것이 언어의 힘을 삶 속으로 초대하는 가장 현실적이면서도 따뜻한 방법이다. 더 이상 두려워하지 말고, 그렇게 오늘도 한 걸음. 그것이면 충분하다.

## 4 친절한 세계에 머물기

처음 외국어를 배우기 시작했을 때, 나는 하나의 확신을 하고 있었다. 매일 단어를 외우고, 문장을 반복하며, 교재 속 표현을 따라 하는 일이야말로 언어 학습의 핵심이라는 믿음이었다. 마치 운동선수가 기본기를 다지는 것처럼, 이 과정이 반드시 필요하다고 생각했다. 어느 정도는 맞는 말이었다. 하지만 시간이 흐르면서, 언어는 단순히 공식을 반복하는 것만으로는 길들지 않는다는 사실을 깨닫게 되었다.

데이비드 엡스타인의 『늦깎이 천재들의 비밀』에 나오는 '친절한 세계'와 '사악한 세계'라는 개념은 이러한 경험을 명쾌하게 설명해 주었다. 엡스타인은 인간이 마주하는 환경을 두 가지로 나누어 설명한다. 규칙이 분명하고 결과가 예측이 가능한 친절한 세계, 그리고 변수가 많아 예측이 어려운 사악한 세계다.

친절한 세계는 규칙이 명확하고 결과가 예측이 가능한 환경을 말한다. 이 세계에서는 어떤 행동을 했을 때 그 결과가 명확하게 나타난다. 예를 들어, 골프나 체스와 같은 게임에서는 규칙이 뚜렷하고, 그 규칙에 맞게 움직이면 예상되는 결과가 도출된다. 이처럼 친절한 세계에서는 사람들이 따를 규칙이 명확하고, 그 규칙을 잘 따랐을 때 성과를 얻을 수 있다. 이러한 환경에서는 반복적인 훈련과 지속적인 노력으로 결과를 예측할 수 있어서, 학습자의 능력 향상도 뚜렷하게 나타난다. 친절한 세계에서의 학습은 명확하고 구체적인 목표를 가지고 목표 달성을 위한 반복과 훈련을 통해 이루어진다. 이런 환경에서는 성과가 예측 가능하고, 정해진 규칙을 따르기만 하면 성과를 얻을 수 있다.

이런 환경은 학습 초기에 매우 안정적이다. 나 역시 외국어 학습을 시작했을 때, 문장 패턴을 외우고, 정답이 정해진 문제를 푸는 방식이 익숙하고 편했다. 어떤 표현이 틀렸는지 바로 피드백을 받을 수 있었고, 반복할수록 익숙해졌다. 성취감도 있었다. 마치 블록을 하나씩 쌓아 올리며 어휘와 문법을 늘려가는 느낌이 들었다. 여기까지는 괜찮았다.

하지만 언어는 곧장 균열을 드러냈다. 어느 순간부터 내가 외운 문장들이 현실에서는 통하지 않았다. 교재 속 질문과는 다른 방식으로 대화가 흘러가면 머릿속이 하얘졌다. 단어는 떠오르는데 문장은 나오지 않고, 말하고 싶어도 입술이 떨어지지 않는 경험. 그것은 내가 학습해 온 친절한 세계와 실제 언어 사용의 사악한 세계 사이에 놓인 간극 때문이었다.

이 간극을 엡스타인은 사악한 세계라고 불렀다. 사악한 세계는 예측할 수 없고 복잡한 상황이 얽혀 있는 환경을 의미한다. 이 세계에서는 여러 변수가 상호작용하며, 그 결과가 쉽게 예측되지 않는다. 예를 들어, 우리가 일상에서 겪는 대부분의 상황은 사악한 세계에 속한다. 일상적인 대화, 비즈니스 환경, 사회적 상호작용 등에서 우리는 항상 예측할 수 없는 변수를 만나게 된다.

이 세계에서는 규칙이 명확하지 않으며, 다양한 요소들이 서로 영향을 미쳐 결과를 예측하기 어렵다. 이처럼 사악한 세계에서는 단순히 규칙을 반복하는 훈련만으로는 부족하다. 다양한 상황에서 유연하게 대처할 수 있는 능력이 요구되며, 변화와 불확실성에 능동적으로 대응하는 능력을 기르는 것이 중요하다. 대화는 항상 예측 불가능하며, 맥락과 문화, 분위기에 따라 의미가 달라진다. 언어는 단지 단어의 조합이 아니라, 관계 속에서 유동적으로 움직이는 생명체 같다.

외국어를 사용하는 것은 사악한 세계에 속하는 활동이다. 우리가 외국어를 학습할 때, 종종 '친절한 세계'의 방식으로 접근한다. 많은 학교에서 영어 학습을 위해 드릴링(drilling) 방식이 사용된다. 드릴링은 정해진 문장이나 문법 구조를 반복하여 학습하는 방식으로, 정해진 상황에서 정해진 문장을 말하는 훈련이다. 이를 통해 학습자는 기본적인 언어 구조를 익히고, 이를 자연스럽게 구사할 수 있게 된다.

예를 들어, "How are you?"라는 문장을 배우고, 이에 대한 답을 "I'm fine, thank you"로 연습하는 과정에서 기본적인 문법과 표현을 익히며 영어에 대한 자신감을 쌓을 수 있다. 또한, 드릴링은 많은 학생이 동시에 동일한 문장을 반복하는 방식이기 때문에, 교사가 많은 학생들에게 효과적으로 가르칠 수 있는 장점이 있다. 학교를 작은 사회라고 말하며 우리 사회에 나가기 전 학생들이 다양한 역량을 쌓아가는 것처럼 외국어 학습을 할 때 친절한 세계에서 드릴링을 통해 학습하는 것도 필요하다.

그러나 결국 우리는 학교와 같은 친절한 세계에서 벗어나 예측할 수 없고 복잡한 상황이 얽혀 있는 사악한 세계로 나가서 학습한 외국어로 소통하게 된다. 따라서 드릴링만으로는 외국어 학습이 제대로 이루어질 수 없다. 예를 들어, 우리가 외국어를 사용할 때는 자주 예상치 못한 질문을 받거나, 대화의 흐름이 갑자기 바뀌는 상황을 경험하게 된다. 이럴 때는 미리 연습한 문장만으로는 충분히 대응할 수 없으며, 상대방의 질문에 맞는 새로운 표현이나 어휘를 사용해야 한다.

이를 확실히 느낀 순간이 있다. 일본 도쿄 우에노 공원 근처 스타벅스에서였다. 여름 한정 메뉴인 '러브&피치 프라푸치노'를 일본어로 무난히 주문했고, "매장에서 드시겠어요?"라는 질문에도 자연스럽게 대답했다. 준비한 문장이 통하고 있다는 안도감에 흐뭇해하던 찰나, 점원이 갑자기 "한국인이세요?"라고 물어왔다. 갑작스러운 질문에 당황했다. 그 순간 나는 내가 외운 문장이 아니라, 나 자신의 상황과 감정에 맞는 말을 해야 했다. "출장으로 왔어요"라는 말이 겨우 입에서 나왔고, 점원은 한국에 대해 궁금한 점을 이것저것 물어오기 시작했다. 나는 점점 더 말이 꼬였다. 이건 더 이상 드릴링으로, 미리 준비한 문장으로는 해결될 수 없는 일이었다.

이때부터 나는 외국어 학습의 방향을 바꾸게 되었다. "문장을 얼마나 외웠느냐"가 아니라, "얼마나 유연하게 반응할 수 있느냐"가 관건이었다. 사악한 세계에서는 정답이 없다. 그 대신, 맥락을 읽는 능력, 모르는 단어를 유추하는 감각, 말이 막힐 때도 미소로 분위기를 이어가는 감정 지능 같은 것들이 훨씬 중요해진다.

실제 대화에서는 상대방의 반응에 따라 대화의 흐름이 달라지기 때문에, 그 흐름을 파악하고 적절하게 반응하는 능력이 중요하다. 그렇다면 이런 유연함은 어디서 올까? 나는 그것이 호기심에서 비롯된다고 믿는다. 단어장을 외워서 시험을 통과하는 학습과 일본의 음식이나 스페인 문화에 관심이 생겨 자연스럽게 단어를 익히게 되는 학습은 근본적으로 다르다.

전자는 외부의 요구에 반응하는 것이고, 후자는 나의 내면에서 출발하는 탐구다. 듀오링고를 하며 일본과 스페인에 관한 여행 영상만을 찾아보던 내가, 음식, 건축, 사회, 정치까지 관심을 넓혀갔던 것은 이러한 호기심에서 비롯된 것이었으며, 사악한 세계로 나아갈 수 있는 힘을 주었다. 관심이 생기면 언어는 그 관심을 따라붙는다. 말은 외워야 하는 것이 아니라, 이야기하고 싶은 것에서 자라난다.

또 하나 중요한 것은, 앞의 장에서 말했던 것과 같이 실수를 허용하는 태도다. 우리는 시험에 익숙해져 있어서 틀리는 것을 두려워한다. 하지만 언어는 실수를 통해 배워야 하는 영역이다. 사악한 세계에서는 틀리는 것이 자연스럽고, 그것이 새로운 학습의 출발점이 된다. 완벽하게 말하기가 아니라 어떻게든 말하기에서 출발할 때, 언어는 점차 우리 안에 스며든다.

친절한 세계는 언어의 뿌리를 내리는 데 좋다. 기본기, 발음, 문법 같은 기초 체력을 다질 수 있는 환경이다. 그러나 꽃을 피우고 열매를 맺는 일은 사악한 세계에서 이루어진다. 실전에서 사람들과 부딪히고, 맥락을 파악하고, 말이 막혀도 웃으며 다시 시작할 수 있는 용기. 그 모든 것이 쌓여서 언어는 나만의 도구가 된다.

친절한 세계는 기초 체력을 길러주는 훈련장이지만, 언

어가 꽃을 피우는 무대는 사악한 세계다. 반복과 안정이 뿌리를 내리게 해주지만, 탐험과 도전이 없으면 결코 열매를 맺을 수 없다. 결국 언어 학습은 두 세계를 오가는 여정이다. 처음에는 친절한 세계에서 출발하되, 반드시 사악한 세계로 발을 내디뎌야 한다. 익숙함과 낯섦, 반복과 모험이 공존할 때 비로소 언어는 우리 삶 속에서 살아 움직이게 된다.

영어, 일본어, 스페인어를 익힌
알뜰한 방법

제6부

# 여러 외국어 동시에 FLEX 하기

1. 닮은 점이 많은 외국어
2. 다양한 관점의 균형 잡힌 사고
3. 1교시, 2교시, 3교시
4. 허구로 연결되는 우리
5. 침묵의 벽을 돌아 길 연결하기
6. 서로를 밀어내는 언어들

## 1 닮은 점이 많은 외국어

외국어 학습을 이야기할 때 자주 등장하는 비유 중 하나는 '우주선 이륙'이다. 우주선이 지구의 중력을 뚫고 궤도에 진입하기 위해서는 막대한 연료와 집중된 추진력이 필요하다. 이륙 단계에서는 연료 소모가 극심하고 추진도 불안정하지만, 일단 궤도에 올라서면 비교적 적은 에너지로도 안정적인 비행이 가능해진다.

외국어 학습도 이와 크게 다르지 않다. 새로운 언어를 처음 시작할 때는 집중력과 시간, 에너지 등 거의 모든 자원을 쏟아부어야 한다. 그리고 일정한 임계점을 넘어야만 그 언어가 우리의 일상에 자연스럽게 스며들고 쉽게 잊히지 않는다. 내가 생각하기에 그 임계점이란, 짧은 영상을 볼 때 모르는 단어가 있어도 전체적인 내용을 파악할 수 있는 상태다. 문제는 이 시기에 두 개 이상의 언어를 동시에 학습하려 하면 부담이 단순히 두 배가 아니라 훨씬 더 복잡하게 커진다는 점이다. 각 언어의 문법 · 발음 · 어휘를 따로 익히는 것뿐 아니라, 서로 혼동하지 않도록 관리하는 데에도 큰 에너지가 소모된다. 그래서 학습 초반에는 한 언어에 집중하는 편이 훨씬 현실적이고 효율적일 수 있다.

나 역시 이러한 원리를 따라 처음 외국어로 일본어를 배울 때는 다른 언어에 눈을 돌리지 않고 오직 일본어 하나에만 전념했다. 하루하루 그 언어에 몰입하면서 단어와 문형을 익히고, 일본어로 된 영상과 책을 자연스럽게 받아들이는 환경을 만들었다. 그렇게 일본어가 내 안에 뿌리내리자, 이후에 다른 언어를 받아들이는 문도 조금씩 열리기 시작했다. 특히 아내와 함께 스페인에서 한 달살이를 계획했을 무렵, 나는 이미 JLPT 3급을 통과하며 일본어 중급 수준에 도달해 있었다. 그때는 '이제는 새로운 언어를 조금씩 시작해도 되겠다'라는 자신감이 생겼고, 자연스럽게 스페인어에 눈을 돌리기 시작했다.

흥미로운 것은, 하나의 언어가 익숙해지고 나면 두 번째 언어로의 전환이나 확장이 놀라울 만큼 자연스럽게 이루어진다는 점이다. 마치 수면 위에서는 각기 다른 빙하처럼 보이던 것들이, 바닷속 깊은 곳에서는 같은 얼음

층으로 이어져 있는 것처럼 느껴졌다. 언어들은 서로 다른 모습으로 존재하지만, 인간의 인지와 기억 속에서는 어느 정도 연결된 기반을 공유하고 있었던 것이다.

한국어와 일본어는 모두 교착어(agglutinative language)로, 문장 속에서 조사와 어미 변화가 핵심적인 역할을 한다. 주어와 목적어의 위치가 고정되어 있지 않고, 문장의 의미는 조사나 어미의 형태 변화로 구분된다. 예를 들어 '먹었다', '먹을까', '먹고 싶다'처럼 어미 하나가 시제, 존대, 의도까지 표현한다. 또 두 언어 모두 높임말 체계가 발달해 있어, 화자와 청자의 관계에 따라 문체가 달라진다. 이러한 구조는 관계 중심적인 문화적 사고방식과 맞닿아 있다.

반면 영어와 스페인어는 인도유럽어족에 속한 언어로, 어순이 비교적 고정되어 있으며 동사의 변화로 시제와 인칭을 구분한다. 두 언어 모두 라틴 알파벳을 사용하지만, 스페인어는 철자와 발음의 일치도가 높고 강세가 일정한 리듬을 만든다. 영어는 불규칙한 발음과 어순 중심 문법이 특징이다. 또한 스페인어는 명사의 성(性)과 수(數)에 따라 형용사가 변화하고, 영어는 어순을 통해 문법적 관계를 드러낸다. 즉, 두 언어 모두 논리적 구조를 중시하지만, 표현 방식에는 문화적 리듬의 차이가 있다.

하지만 언어는 어디까지나 인간의 보편적인 사고 체계와 의사소통의 필요에서 출발한 도구이기에, 그 깊은 곳을 들여다보면 서로 닮아 있는 구조나 발상 방식이 의외로 많다.

예컨대 **어순의 구조**만 보더라도 흥미로운 유사점이 드러난다. 한국어와 일본어는 문장을 조립하는 방식이 거의 같아 쉽게 전환할 수 있다.

**[표] 한국어와 일본의 어순 구조**

| 언어 | 어순 구조 | 예문 | | |
|---|---|---|---|---|
| | | 주어 | 목적어 | 동사 |
| 한국어 | 주어 + 목적어 + 동사 | 나는 | 강아지를 | 좋아해 |
| 일본어 | | 私は | 犬が | 好きだ |
| 언어 | 어순 구조 | 예문 | | |
| | | 주어 | 동사 | 목적어 |
| 영어 | 주어 + 동사 + 목적어 | I | love | you |
| 스페인어 | | Yo [요] | gusto [구스또] | el perro [엘 뻬로] |

또한 **시제를 표현하는 방식**에서도 닮은 점이 있다. 영어는 동사의 형태 변화로 과거와 현재를 드러내는데, 스페인어 역시 같은 방식으로 시제를 구분한다. 겉모습은 다르지만, 시간이나 행위의 성격을 동사의 모습으로 전달

하려는 사고방식은 매우 유사한 셈이다.

**[표] 영어와 스페인어 시제**

| 언어 | 동사 원형 | 현재형 | 과거형 |
|---|---|---|---|
| 영어 | eat | I eat | I ate |
| 스페인어 | comer[꼬메르] | Como[꼬모] | Comí[꼬미] |

**어휘** 차원에서도 공통된 뿌리를 쉽게 발견할 수 있다. 특히 영어와 스페인어는 라틴어에서 수많은 단어를 계승했기 때문에, 학습자가 친숙하게 느낄 수 있는 단어들이 많다.

**[표] 영어와 스페인어의 어휘**

| 언어 | '정보' | '동물' | '국가' |
|---|---|---|---|
| 영어 | information | animal | nation |
| 스페인어 | información | animal | nación |

비슷한 현상은 동아시아 언어에서도 관찰된다. 한자라는 공통의 토대를 공유하기 때문이다.

**[표] 한국어, 일본어, 중국어의 어휘**

| 언어 | '학교' | '문화' | '사회' |
|---|---|---|---|
| 한국어 | 学校<br>[학교] | 文化<br>[문화] | 社会<br>[사회] |

| 언어 | '학교' | '문화' | '사회' |
|---|---|---|---|
| 일본어 | 学校<br>[각코우] | 文化<br>[분카] | 社会<br>[샤카이] |
| 중국어 | 学校<br>[슈에시아오] | 文化<br>[원화] | 社会<br>[셔후이] |

이처럼 언어 간의 유사성은 학습자에게 '긍정적인 전이(positive transfer)'라는 강력한 이점을 제공한다. 이미 알고 있는 언어의 규칙이나 표현 방식이 새로운 언어에서도 유사하게 작동할 때, 우리는 그 언어를 완전히 처음부터 배운다기보다, 익숙한 틀을 살짝 비틀거나 확장하는 방식으로 접근하게 된다. 이는 학습에 필요한 인지적 부담을 현저히 줄여주며, 효율성을 높이는 데에도 큰 도움이 된다. 더 나아가, 낯선 언어 속에서도 어딘가 익숙한 느낌을 받을 수 있다는 사실은 학습자에게 심리적인 안정감을 주고, 언어에 대한 두려움을 줄여준다.

무엇보다도 이러한 경험은 학습자 내면에, 언어에 대한 자신감을 심어준다. 언어가 완전히 다른 세계의 것이 아니라, 어느 정도 연결되고 이해가 가능한 체계라는 확신이 생기면, 실수를 두려워하지 않게 된다. 틀릴 수 있다는 불안을 넘어서 말해 보려는 용기, 써 보려는 의욕이 생긴다. 그리고 바로 그 지점에서 언어 학습의 진정한 전환이 일어난다. 언어는 머리로만 이해하는 것이 아니라, 몸으로 부딪치고 마음으로 익히는 것이기 때문이다.

외국어 학습은 본질적으로 단절의 과정이 아니라 연결의 여정이다. 하나의 언어가 충분히 익숙해져 안정적으로 궤도에 오른 뒤, 그 언어의 구조와 사고방식을 바탕으로 다음 언어로 나아갈 때, 하나의 언어는 또 다른 언어의 지지대가 되어 주고, 그 지지대는 다시 새로운 언어의 출발선이 된다. 그렇게 언어들은 서로를 딛고 자라며, 학습자는 그 위를 걸어 나간다. 이것이야말로 다언어 학습의 진짜 묘미가 아닐까.

## 2 다양한 관점의 균형 잡힌 사고

"지구는 둥글다"라는 말은 너무나 당연하게 들리지만, 모든 사람이 그 사실을 받아들이는 것은 아니다. 실제로 일부 집단은 여전히 지구가 네모나거나 평평하다고 믿는다. 이들은 과학적 증거를 거부하고, 자신들이 믿는 이론을 지지하는 영상과 글만을 선택적으로 소비한다. 더욱 놀라운 점은, 유튜브나 SNS 같은 플랫폼에서는 이런 주장을 뒷받침하는 콘텐츠가 결코 적지 않다는 것이다. 오히려 콘텐츠 제작자들은 자극적인 주제를 통해 조회수를 끌어올리려 하고, 플랫폼의 알고리즘은 사용자의 관심사를 추적해 유사한 영상을 계속해서 추천한다.

그 대표적인 예가 바로 유튜브 채널 Markksargent이다. 그는 지구가 평평하다는 '지평설(Flat Earth Theory)'을 10년 넘게 주장해 온 인물로, 10만 명이 넘는 구독자를 보유

(2025년 6월 기준)하고 있다. 더 놀라운 점은 이 채널의 영상이 누적 2천만 회 이상의 조회수를 기록하고 있다는 것이다. 최근에는 AI 영상 제작 도구를 활용해 더 빠르게, 더 설득력 있게 콘텐츠를 제작하고 배포하고 있다. 기술이 발전하면서 허위 정보도 점점 더 정교해지고 있다는 사실을 이 사례는 잘 보여준다.

이러한 정보 소비 구조 속에서 사람들은 자신이 처음에 가지고 있던 의심이나 믿음을 점점 더 확신으로 굳히게 된다. 예컨대 '지평설(Flat Earth Theory)'과 같은 영상을 몇 차례 클릭하거나 일정 시간 이상 시청하면, 알고리즘은 사용자가 이 주제에 관심 있다고 판단하고 유사한 콘텐츠를 더욱 자주 추천하게 된다. 이는 결국 사용자가 하나의 관점을 지속해서 접하게 만들고, 자신의 믿음이 보편적인 진실인 것처럼 느끼도록 유도한다. 이것은 단순한 선택의 결과라기보다는, 플랫폼 설계가 사용자의 신념을 강화하도록 작동하는 구조적 특성이 있음을 보여준다.

이처럼 사용자가 자신과 비슷한 생각을 하는 사람들의 정보만을 접하며 점점 더 확증 편향 속에 빠져드는 현상을 '에코 챔버 현상(Echo Chamber)'이라고 부른다. '메아리 방'이라는 이름처럼, 이 현상 속에서 사람은 자신의 목소리와 유사한 것만 듣고, 이질적인 의견은 차단하거나 왜곡되게 받아들인다. 실제로 정치, 과학, 사회 전반에 걸쳐 이 현상이 강화되고 있으며, 이는 공동체 내 갈등을 부추기고, 공적 담론의 기반을 흔들기도 한다.

심지어 세계보건기구(WHO)는 잘못된 건강 정보가 반복적으로 유통되며 집단행동을 왜곡시키는 현상을 '인포데믹(Infodemic)'이라 명명하고, 이를 공중보건의 주요 위협으로 규정하기도 했다. 알고리즘 기반의 정보 소비 환경에서는, 우리가 보는 세상이 반드시 '객관적인 진실'이 아닐 수 있음을 외국어 학습자는 더 일찍, 더 민감하게 깨닫게 된다.

나는 외국어 학습을 시작하면서부터 이 현상을 조금씩 체감했다. 처음에는 영어, 일본어, 스페인어 뉴스 영상을 통해 공식적인 표현이나 발음을 익히고자 했다. 그런데 어느 순간부터 목적이 달라졌다. 같은 사건인데 각 나라의 뉴스가 전달하는 정보의 표현 방식이 다르다는 것이, 무엇을 중요한 정보를 다루는지 차이가 난다는 것이 느껴지기 시작했다. 그러다 보니 어느새 그 언어를 통해 세상이 어떻게 다르게 보이는지를 탐색하는 일이 더 흥미로워졌다.

예를 들어 2025년 일본에서는 간사이 엑스포(오사카 엑스포)에 관해 관심이 컸다. 일본 유튜브를 보면 행사 준비 모습부터 논란까지 다양한 영상이 쏟아진다. 그런데 한국에서는 이상하리만큼 조용했다. 실제로 그러한지를 확인하기 위해 구글 재팬과 구글 코리아에서 같은 키워드로 뉴스를 검색해 봤는데, 그 차이에 깜짝 놀랐다. 2025년 1월부터 6월 말까지 일본에서는 약 1,230만 건, 한국에서는 겨우 1만 1,200건이 나왔다. 일본에서는 국가적 관심사로 다루는 이 국제 행사가, 한국 뉴스만 보면 거의 보이지 않았다.

2022년 러시아의 우크라이나 침공 보도도 그 대표적인 예 중 하나다. 서방 언론은 민간인 피해와 난민 문제 같은 인도주의적 측면에 집중했다. 반면 러시아 언론은 이를 "특별 군사 작전(A Special Operation)"이라 부르며 안보 수호와 '탈나치화'라는 명분을 강조했다. 중국 언론은 또 다른 시선을 취했는데, 군사적 충돌보다는 서방 제재의 경제적 파급, 에너지 안보, 외교적 균형 같은 국제 질서의 변화를 주요하게 다뤘다.* 같은 사건인데도 언론의 언어와

---

* Hanley, Hans WA, Deepak Kumar, and Zakir Durumeric. "'A Special Operation': A Quantitative Approach to Dissecting and Comparing

관점에 따라 전혀 다른 이야기로 재구성된 것이다.

또 기억에 남는 건 스페인어 뉴스 사이트 'Planeta Fácil'이다. 이 사이트는 장애가 있는 사람들을 위해 쉬운 말로 뉴스를 다시 구성해 준다. 그런데 단순히 문장을 짧게 바꾼 수준이 아니었다. 뉴스 자체를 장애인의 시선으로 다시 풀어낸다. 같은 경제 기사도, 건강 이슈도 '누구나 이해하고 참여할 수 있는 사회'를 전제로 다루는 것이다. 나와는 다른 삶을 살아가는 사람들의 눈으로 세상을 본다는 건, 외국어뿐 아니라 다른 시선을 배우는 일이기도 했다.

이런 경험이 쌓이다 보니, 나도 모르게 하나의 시선에만 머물지 않게 됐다. 처음엔 단순히 말하기 연습을 하려고 외국어 뉴스들을 본 것이었지만, 점점 우리나라에서 일어난 사건을 해외 언론은 어떻게 보도하는지 확인하는 습관이 생겼다. 같은 사건이라도 국내 보도와 해외 보도의 관점이 다르다는 걸 알게 되면서, 자연스럽게 사건을 여러 각도에서 바라보는 눈이 길러졌다.

---

Different Media Ecosystems' Coverage of the Russo-Ukrainian War." Proceedings of the International AAAI Conference on Web and social media. Vol. 17. 2023.

미국의 언어학자 에드워드 사피어(Edward Sapir)와 제자 벤저민 리 워프(Benjamin Lee Whorf)는 언어가 단순한 소통의 수단이 아니라, 인간이 세계를 인식하고 해석하는 방식을 규정한다고 보았다. 이른바 '사피어-워프 가설'로 알려진 이 이론은, 우리가 사용하는 언어가 곧 우리가 보는 세계의 틀이라는 주장을 담고 있다. 앞서 살펴본 사례들처럼, 서로 다른 언어로 뉴스를 접하면 단순히 표현이 달라지는 차원을 넘어, 국가와 문화가 세계를 해석하는 시각 자체를 경험할 수 있다. 즉, 언어는 사고의 그릇일 뿐만 아니라, 각기 다른 관점을 비춰주는 창이 되기도 한다.

이와 맥을 같이하는 철학자 루트비히 비트겐슈타인(Ludwig Wittgenstein)의 말은 더욱 인상 깊다. "내 언어의 한계는 곧 내 세계의 한계이다(The limits of my language mean the limits of my world)." 이 짧은 문장은 언어가 인간 인식의 경계선을 어디까지 확장시킬 수 있는지를 선명하게 보여준다. 우리가 어떤 언어를 알고, 그 언어로 사고하고 표현할 수 있다는 사실은 단지 다른 말을 할 수 있게 된다는 뜻이 아니다. 그것은 곧 우리가 살아가는 세계 자체가 확장된다는 의미다.

다양한 외국어를 배운 덕분에 어떤 사건이든 쉽게 결

론을 내리지 않게 되었다. "과연 이게 다일까?" "다른 언어에서는 어떻게 말하고 있을까?" 하고 한 번 더 찾아보게 된다. 멈춰서 생각하고, 비교하고, 나만의 판단을 하려는 습관이 생긴 것이다.

균형 잡힌 사고라는 건 꼭 중립을 지키는 게 아니다. 오히려 서로 다른 시선이 있다는 걸 인정하고, 그 안에서 내가 믿을 수 있는 중심을 찾아가는 일이다. 외국어는 나에게 그 중심을 찾을 수 있게 도와주는 도구였다. 하나의 언어만 쓸 때보다, 여러 언어를 함께 배우면 더 많은 관점이 생기고, 그만큼 생각도 더 유연해진다. 세상은 단편적인 답이 아닌, 여러 층위로 쌓인 이야기라는 걸 알게 된다.

결국 외국어를 배우는 건 단순히 말을 익히는 것이 아니라, 세상을 보는 나만의 사고의 렌즈를 하나씩 늘려가는 일이었다. 언어가 하나 더해질 때마다, 세상은 조금 더 다채롭고 깊게 보이기 시작했다.

## 3 1교시, 2교시, 3교시

외국어 학습을 하나의 언어에만 온종일 매달리는 식으로 할 필요는 없다. 오히려 여러 언어를 교시처럼 시간 단위로 나누어 학습하는 방식이 집중력 유지와 흥미 유발에 더 효과적일 수 있다. 학교에서 매시간 과목을 바꾸는 이유는 단지 커리큘럼 구성을 위해서만은 아니다. 같은 과목을 하루 종일 듣게 된다면, 누구라도 쉽게 지치고 집중력을 잃는다. 국어 수업이 끝나면 체육을 하거나 미술을 배우는 것처럼, 다양한 활동으로 구성된 하루는 아이들의 에너지 순환을 돕고, 각각의 수업에 대한 몰입도를 높여준다. 학습자 입장에서 봐도 이런 구조는 지루함 방지 장치로 작동한다.

이런 학교 시스템은 외국어 학습에도 충분히 적용할 수 있다. 오전에는 일본어, 오후에는 스페인어, 저녁에는 영어처럼 언어별로 시간을 나눠서 학습해 보자. 하루에 한 언어만 공부하면 그 언어에 대한 이해는 깊어질 수 있겠지만, 자칫하면 권태가 빨리 찾아올 수 있다. 반면, 언어마다 다른 소리와 문법, 문화적 맥락에 노출되면 자극이 다양해지고, 학습자는 새로운 긴장감을 느끼게 된다. 이는 뇌의 활성화에도 긍정적인 영향을 미친다. 실제로 뇌과학자 Ellen Bialystok의 연구에 따르면, 여러 언어에 노출된 사람일수록 인지적 전환 능력(cognitive flexibility)이 더 높다고 한다. 다양한 언어를 접하면서 뇌가 언어 간 전환의 스위치를 훈련하게 되기 때문이다.

물론 여기서 주의할 점은 있다. 언어를 교시처럼 나눈다고 해서, 동시에 여러 언어를 한꺼번에 다루려는 식의 멀티태스킹을 의미하는 건 아니다. 멀티태스킹은 실상 거의 불가능하다. 우리가 동시에 여러 작업을 수행하고 있다고 생각할 뿐, 실제로는 작업 간 빠른 전환이 일어나는 것이다. 심리학자 클리포드 나스(Clifford Nass)는 이처럼 뇌가 작업 간 전환을 반복하면 오히려 집중력이 떨어지고, 처리 속도도 느려진다고 말한다. 중요한 건 하나의 언어에 집중한 후, 충분한 여유를 두고 다음 언어로 넘어가는 전환 훈련이다. 이를 통해 뇌는 언어 간 경계와 활성화 패턴을 구분하는 법을 익힌다.

여기서 등장하는 개념이 바로 '언어 전환 비용(language switching cost)'이다. 여러 언어를 사용할 수 있는 사람이라고 해도, 한 언어에서 다른 언어로 전환할 때는 반드시 어느 정도의 인지적 부담이 따르게 된다. 단어가 헷갈리거나, 문법 구조가 뒤섞이는 경험은 다언어 학습자라면 누구나 겪는 일이다. 이 전환 비용은 특히 학습 초기에는 더 크게 다가온다. 하지만 반복을 통해 점차 줄일 수 있다. 예를 들어 일본어를 학습하다가 스페인어로 넘어가는 시점에 10분 정도의 휴식 시간을 두거나, 장소를 바꾸거나, 언어별 전용 노트를 사용하는 것만으로도 뇌의 전환에 도움을 줄 수 있다. 언어마다 다른 감각적 신호를 주는 것이다. 이러한 환경 설계는 실제로 인지 과학자들이 권장하는 전이 방지 전략 중 하나다.

이처럼 언어 학습은, 하루를 나누어 구성하는 방식은 지루함을 줄이고, 동시에 학습의 지속 가능성을 높이는데 효과적이다. 사람은 흥미가 있을 때 가장 오래, 가장 깊이 몰입할 수 있다. 하나의 언어로 싫증이 나기 전에 다른 언어로 넘어가는 구조는, 학습자의 뇌에 계속해서 새로운 자극을 제공하며 장기적인 학습 동기를 유지시킨다.

실제로 나 역시 언어를 교시처럼 나누어 학습하면서 느꼈던 가장 큰 장점은 지치지 않는다는 것이었다. 오전에 한 시간 동안 스페인어 문장을 받아쓰고 나면, 오후에는 새로운 기분으로 일본어 뉴스 영상을 듣는 것이다. 마치 다른 세계로 옮겨간 것처럼 뇌가 리셋되는 느낌이 든다.

이러한 언어 학습 방식은 사실 우리의 삶 전반과도 닮았다. 사람은 한 가지 일만 계속하면 쉽게 지치고 효율이 떨어진다. 직장에서도 하루 종일 같은 업무만 반복하기보다는 회의, 기획, 사람과의 소통처럼 다양한 활동을 섞을 때 집중력이 살아난다. 언어 학습도 마찬가지다. 한 언어에만 매달리면 권태가 빨리 찾아오지만, 교시처럼 언어를 나누어 학습하면 오히려 전환이 주는 활력이 생긴다. 이렇게 작은 전환의 경험들이 쌓일 때, 학습자는 오래 지치지 않고 꾸준히 나아갈 수 있다.

## 4 허구로 연결되는 우리

학창 시절 우리는 매년 새로운 친구들과 선생님을 만나왔다. 이 만남은 우연의 산물이며 같은 공간을 공유하는 것 외에는 특별한 의미를 지니지 않는다. 그런데 시간이 지나면서 이 만남은 점점 특별해진다. 친구들과 함께 생활하며 반 이름을 정하고, 반의 상징이 되는 국기를 제작하고, 학급 노래를 함께 만들어 부르기 시작하면, 서로는 보이지 않는 무언가로 연결된다. 우리 반이라는 정체성이 생기고, 누가 아프면 다 같이 걱정하고, 우리 반과 다른 반이 경쟁하는 체육대회가 되면 우리 반을 목이 터져라, 응원한다. 처음엔 그냥 모인 사람들이었지만, 어느새 하나의 공동체가 된 것이다.

학교처럼 우리가 살아가는 이 사회에는 피로 맺어진 관계만 있는 것이 아니다. 피 한 방울 섞이지 않았지만,

때로는 가족만큼, 가족보다 더 가깝게 느껴지는 사람들과 만나게 된다. 누구와는 하루 종일 같이 있어도 거리감이 느껴지고, 또 누구와는 처음 마주쳤는데도 마음이 가는 순간이 있다. 이처럼 사람 사이의 유대는 꼭 혈연으로 설명되지 않는다. 그렇다면, 우리는 어떻게 서로를 우리라고 느끼게 되는 걸까?

우리 현생 인류는 호모 사피엔스라 불리며, 한때 지구에 함께 존재했던 네안데르탈인을 결국 멸종시켰다. 두 종은 모두 언어를 사용했고, 도구를 만들었으며, 심지어 뇌의 평균 용량은 네안데르탈인이 더 컸다. 그런데도 왜 사피엔스만이 살아남아 지구의 지배자가 되었을까?

유발 하라리는 『사피엔스』에서 그 답을 인지 혁명에서 찾는다. 사피엔스는 현실에 존재하지 않는 개념, 즉 허구를 만들어내고 그것을 여럿이 함께 믿을 수 있는 능력을 갖추었다. 이 능력은 혈연을 넘어서 더 넓은 신뢰의 범위를 가능하게 했고, 작은 가족 단위를 넘어 수백, 수천 명 규모의 공동체를 형성할 수 있도록 만들었다. 종교, 국가, 기업, 돈 같은 제도들이 모두 이 능력을 기반으로 형성된 공통의 허구이며, 그 허구에 함께 참여하는 사람들이 만들어낸 협력이야말로 호모 사피엔스를 지구상에서 가장 강력한 종으로 만든 결정적 차이였다.

그리고 이 중심에는 언제나 '언어'가 있었다. 언어는 단순한 소통 수단이 아니라, 허구를 가능하게 한 기술이었다. 보이지 않는 개념을 설명하고, 존재하지 않는 미래를 이야기하며, 공통의 신념과 가치를 나누게 만든 도구가 바로 언어다. 우리는 언어를 통해 우리 모두 한편이 된다.

외국어를 배우는 과정에서도 우리는 허구를 공유하는 힘을 자연스럽게 체감하게 된다. 단순히 새로운 단어를 익히고 문법을 외우는 데 그치지 않고, 그 언어를 사용하는 사람들의 사고방식, 문화, 태도, 감정까지도 조금씩 배우게 된다.

예를 들어, 일본어의 "ありがとうございます(아리가또고자이마스)"는 단순한 '고맙습니다'를 넘어서는, 깊은 문화적 의미를 품은 표현이다. 이 말의 어원인 "ありがとう(有り難う)"는 '있기 어려운 일'을 의미하며, 누군가의 수고나 배려를 당연하게 여기지 않고 귀한 일로 받아들이는 정서에서 출발한다. 여기에 정중함을 더하는 "ございます"가 붙으면서, 말하는 사람의 겸손과 상대방에 대한 존중이 더욱 선명하게 드러난다. 일본 사회에서는 이러한 감

사 표현을 생략하지 않고 일상에서 반복함으로써, 사회적 조화와 관계의 부드러운 흐름을 만들어간다. "감사합니다"라는 말이 단순한 인사가 아니라, 서로의 존재를 인정하고 관계를 다지는 방식인 셈이다.

이처럼 외국어 표현 하나를 배우는 것만으로도 우리는 단어 너머에 놓인 문화의 질감과 사람 사이의 감정선까지 함께 배우게 된다. 언어는 그 자체로 사고의 틀이며, 관계 맺기의 방식이며, 세계를 바라보는 창이다. 외국어 학습은 문법과 단어 이상을 우리에게 안겨준다. 그것은 우리가 속하지 않은 세계에서조차 우리가 될 수 있는 길을 열어주는 경험이다.

언어를 통해 사람들과 공감할 수 있을 때, 그제야 우리는 진정으로 그 문화권에 들어갔다는 느낌을 받는다. 그리고 그렇게 들어간 세계 안에서, 우리는 또 다른 우리를 만나게 된다. 하나의 언어를 배우면, 세상이 훨씬 넓어지고, 그 넓어진 세계 안에는 생각보다 더 다양한 사람들이 있다. 흥미로운 건, 그 세계 안에는 그 언어만 사용하는 사람만 있는 게 아니라는 사실이다. 그 언어를 함께 배우는 사람들, 이미 여러 언어를 사용하는 사람들, 다른 나라의 언어에 호기심을 가진 사람들이 얽히고설킨다. 그렇게 우리는 또 다른 언어에 관심을 두게 되고, 또 하나의 언어를 배우게 된다. 그리고 그 모든 과정은 조금씩, 천천히, 그러나 분명하게 우리를 넓혀간다.

요즘처럼 디지털 기술이 발달한 시대에는 이 경험이 더욱 생생하게 확장된다. 온라인 국제교류 프로젝트에서는 서로 다른 나라에 사는 학생들이 각자의 언어를 가르쳐 주고 배우며 자연스럽게 친구가 된다. 화면 속 낯선 얼굴이 "안녕하세요"라고 인사할 때, 나도 모르게 웃음이 나고, 익숙하지 않은 외국어로 말하다 함께 웃게 된다. 수천 킬로미터 떨어져 있어도, 같은 주제로 이야기를 나누고 같은 단어를 연습하며 느끼는 유대감은 특별하다. 어떤 날은 상대 나라의 말이 잘 안 들려도 괜찮다고 손으로 표현해 주고, 어떤 날은 나의 서툰 발음을 그 나라 친구가 칭찬해 줄 때, 진심 어린 응원을 받은 듯한 기분이 든다. 이런 경험이 쌓이면, 단순히 언어를 주고받는 수준을 넘어서 같이 가는 사람이 되고, 우리는 다르지만, 함께할 수 있다는 확신이 생긴다. 이 또한 허구의 힘이고, 언어가 만들어주는 기적 같은 연대다.

물론 이 연대는 눈에 보이지 않는다. 손에 잡히지도 않는다. 하지만 확실히 존재한다. 언어 하나가 늘어날 때마다 우리는 다른 시선과 이야기를 공유하며, '나'에서 '우리'로 확장된다. 언어는 국경과 문화를 넘어 우리를 이어주는 힘이다.

## 5 침묵의 벽을 돌아 길 연결하기

말이 막히면 우리는 종종 침묵하거나 멈춰 선다. 낯선 사람과의 대화에서 가장 두려운 순간 중 하나가 바로 이 '침묵'이다. 등에서 땀이 흐르고, 어색한 웃음만이 감돌며, '다시는 말을 걸지 말아야지' 하는 생각이 든다. 그러나 여러 언어를 아는 사람에게는 선택지가 하나 더 있다. 바로 다른 언어로 '우회하기'다. 익숙한 길이 막히면 다른 길로 돌아가듯, 언어를 전환하는 순간은 마치 숨겨진 골목길을 발견한 듯한 경험이다. 한 언어에서 단어나 문장이 막힐 때, 다른 언어가 그 공백을 자연스럽게 메우는 이 전략은 생각보다 훨씬 자주, 그리고 놀라울 만큼 효과적으로 작동한다.

기억에 남는 순간이 있다. 일본 출장 중, 현지 일본인 선생님들과 함께 한국과 일본의 학사 제도 차이에 관해 이야기하던 자리였다. 서로 다른 교육 시스템을 비교하며 대화를 나누던 중, 갑자기 '학기'라는 단어가 영어로 떠오르지 않았다. 머릿속에서 'semester'인지 'term'인지 헷갈렸고, 그마저도 확신이 서지 않았다. 단어 하나가 막히자, 문장의 흐름도 덩달아 끊기는 듯했고, 순간 머리가 하얘졌다. 설명하려고 입을 뗐지만, 뜻을 풀어 말하기엔 너무 복잡하고 맥락도 애매했다. 순간 당황스러운 마음이 들었다.

그때 문득, 자연스럽게 일본어가 입에서 튀어나왔다. "がっき(学期)." 일본인 선생님들은 곧바로 고개를 끄덕였고, 대화는 다시 활기를 띠었다. 길고 복잡한 설명 없이도 뜻이 전달된 것이다. 만약 영어만 고집했다면, 훨씬 더 많은 시간과 에너지가 들었을 것이다.

콜롬비아 선생님과의 온라인 회의에서도 비슷한 일이 있었다. 스페인어로 수업 일정과 연휴 계획에 관해 이야기하던 중, '휴일'이라는 단어가 머릿속에서 떠오르지 않았다. 그러나 이번에는 당황하지 않았다. 망설임 없이 "Holiday"라고 영어로 말하자 "¡Día festivo![디아 페스띠보]"라며 웃으며 대화를 이어갔다.

언어 학습 이론에서는 이러한 현상을 '코드 스위칭

(code-switching)'이라 부른다. 이는 두 언어를 사용하는 화자가 상황에 따라 언어를 전환하거나 섞어 쓰는 자연스러운 언어 사용 방식이다. 과거에는 언어 능력이 부족해 생겨나는 혼란스러운 현상으로 여겨지기도 했으나, 오늘날에는 맥락에 맞게 언어 자원을 전략적으로 활용하는 능력으로 점점 더 긍정적인 평가를 받고 있다. 실제로 외국어 수업에서 학생들이 모국어와 목표어를 적절히 섞어 말할 때, 개념 이해가 빨라지고 수업 참여도가 높아진다는 연구 결과들이 이러한 관점을 뒷받침한다.

여러 언어를 안다는 것은 마치 도구상자에 다양한 크기와 용도의 드라이버가 들어 있는 것과 같다. 하나가 맞지 않으면 다른 것을 꺼내 쓰면 되고, 때로는 예상치 못한 조합이 오히려 더 나은 결과를 만들어내기도 한다. 그래서 나는 외국어 학습을 차곡차곡 쌓아 올리는 일이라기보다, 언제든 꺼내 쓸 수 있도록 열어두는 일에 가깝다고 생각한다. 단단히 닫힌 하나의 언어만 고집하기보다는, 열린 여러 언어 중에서 상황에 맞는 표현을 유연하게 선택하는 능력, 그것이야말로 진정한 다언어 화자의 힘이 아닐까.

한 문장 안에도 세계는 여러 겹으로 존재한다. 때로는

일본어로, 때로는 스페인어로, 때로는 영어로, 그리고 언제나 한국어로. 내가 알고 있는 언어들이 한 문장 속에서 나란히 어깨를 맞대며, 그 문장은 내 삶과 세계를 조금씩 이어준다. 언어 하나로는 다 담을 수 없던 풍경이, 두 개, 세 개의 언어가 함께 엮일 때 비로소 온전히 드러난다.

한 문장을 말할 때, 내 머릿속에는 늘 여러 세계가 동시에 떠오른다. 그리고 그 세계들은 내가 소통을 멈추지 않도록 언제든 또 다른 길을 열어준다. 그렇기에 나는 오늘도 또 하나의 문장을 만들고, 그 안에 더 많은 세계가 담기기를 바란다.

## 6 서로를 밀어내는 언어들

여러 외국어를 동시에 학습하다 보면, 익혔다고 생각했던 단어가 잘 떠오르지 않거나, 엉뚱하게 다른 언어의 단어가 먼저 떠오르는 일이 자주 생긴다. 영어, 일본어, 스페인어를 함께 공부하던 시기에는 그런 일이 특히 많았다. 어떤 단어 하나를 떠올리려다 막상 생각이 나지 않아 머뭇거리게 될 때, 뜻밖에도 전혀 다른 언어의 단어가 먼저 떠오른다. 예를 들어, 스페인어 단어를 생각하려고 하는데 일본어가 튀어나오고, 심지어는 이 표현이 영어 표현인지 스페인어 표현인지 헷갈린다. 처음엔 이것이 단순한 실수이거나 집중력 부족 때문이라고 생각했다.

그런 일이 반복되다 보면, 단어들이 단순히 기억나지 않는 상태를 넘어서 서로 얽히고 엉키는 듯한 혼란으로 느껴지기도 한다. 단어가 머릿속 어딘가에서 서로 겹치면서 동시에 존재하는 듯한 기묘한 감각. 언어마다 말소리와 구조는 다르지만, 의미는 얼추 비슷해서 구별이 더 어려운 경우도 많다. 그러다 보면 문득, 내가 지금 도대체 어느 언어를 배우고 있는 건지 헷갈릴 정도로 언어들이 머릿속에서 뒤섞여 버린다. 여러 언어가 하나의 기억 공간을 함께 점유하려는 것처럼, 의미와 발음, 이미지가 경쟁하듯 부딪히는 느낌이다.

이런 혼란은 심지어 모국어에도 영향을 준다. 평소에 아무렇지 않게 쓰던 단어조차, 외국어 공부를 계속하다 보면 순간적으로 낯설게 느껴질 때가 있다. 예컨대 '물'이라는 단어를 떠올리려는 순간, 한국어의 '물', 일본어의 水[미즈], 중국어의 水[쉐이], 영어 water, 스페인어 agua[아구아]가 한꺼번에 머릿속을 스쳐 간 적이 있다. 마치 단어들이 동시에 손을 들고 "나야!"라고 외치며 각자의 발음과 철자를 내세우는 듯했다.

비슷한 모습이 오히려 혼란을 주는 또 다른 경우도 있다. 바로 '가짜 친구(false friends)'라 불리는 단어들이다. 가짜 친구란 언뜻 보기에는 두 언어에서 철자나 발음이 비슷해 보이지만, 실제 뜻은 전혀 다른 단어들을 말한다. 학습자는 친숙하다고 생각해 자신 있게 사용했다가, 전혀 엉뚱한 의미가 되어 버리는 경험을 하게 된다.

**[표] 영어와 스페인어의 가짜 친구들**

| 영어 단어 | 뜻(영어) | 스페인어 단어 | 뜻(스페인어) |
|---|---|---|---|
| actually | 실제로, 사실은 | actualmente [알뚜알멘떼] | 현재는, 요즘에는 |
| library | 도서관 | librería [리브레리아] | 서점 |
| embarrassed | 당황한 | embarazada [엠바라사다] | 임신한 |

이런 단어들은 처음에는 친근하게 다가오지만, 오히려 잘못 이해하거나 잘못 전달하게 만들어 학습자를 곤란하게 하기도 한다.

이와 같은 착오는 언어 간섭(interference) 혹은 부정적 전이(negative transfer)로 이어질 수 있다. 특히 두 개 이상의 언어를 동시에 학습할 때, 혹은 하나의 언어가 아직 충분히 내면화되지 않은 상태에서 다른 언어를 접할 경우, 이런 오류는 더욱 자주 나타난다. 단어의 의미뿐 아니라 문법적 구조, 발음 습관, 심지어 억양마저도 서로 뒤섞이며 예상치 못한 방식으로 영향을 주는 것이다. 결국 중요한 것은 닮은 점을 인식하되, 다름을 놓치지 않는 균형 잡힌 태도다. 유사성은 학습의 지름길이 될 수도 있지만, 방향을 잘못 잡으면 오히려 돌아가는 길이 되기도 한다.

이럴 때면, '외국어를 여러 개 동시에 공부하는 게 정말 도움이 되는 걸까?' 하는 회의가 밀려오기도 했다. 여러 언어를 배우지만 하나도 제대로 정착이 안 되는 느낌. 하나를 배우는 동안 이미 알고 있던 것이 사라지는 것 같고, 애써 익혔던 단어가 어디론가 흘러가 버린 듯한 불안감이 스며든다.

특히 그 대상이 모국어일 때는 더욱 당황스럽다. 익숙했던 표현이 순간적으로 막히는 경험은, 단순한 어휘의 혼란을 넘어 나의 정체성까지 건드리는 것 같은 묘한 감정을 남긴다. 언어를 배운다는 것이 새로운 세상을 여는 일인 줄만 알았는데, 가끔은 그 과정에서 내가 익숙하게 살던 세상의 일부를 잠시 놓치는 기분이 드는 것이다.

하지만 그런 불안감을 가라앉혀 준 건, 다름 아닌 학습에 관한 책 한 권이었다. 헨리 뢰디거, 마크 맥대니얼, 피터 브라운이 함께 쓴 『어떻게 공부할 것인가』는 인지심리학의 눈으로 학습을 다시 들여다보게 해준 책이었다. 그 안에서 내가 겪은 이 혼란스러운 경험과 거의 똑같은 상황이 구체적인 사례와 함께 설명되어 있었다.

이 책은, 단어가 당장 생각나지 않는다고 해서 그것이 잊힌 것은 아니라고 말한다. 단지 우리가 그 단어를 꺼내기 위한 경로에 일시적인 혼선이 생긴 것일 뿐이며, 기억은 여전히 그 자리에 남아 있다는 것이다. 뇌는 저장된 정보를 항상 일정한 위치에 보관하는 게 아니라, 연결망 속에서 맥락과 함께 기억하기 때문에 그날의 피로, 감정, 주의의 방향에 따라 인출이 잠시 어려워질 수 있다는 설명이었다.

더 흥미로운 건, 이런 어려움 자체가 오히려 학습에 도움이 될 수 있다는 점이다. 인지심리학에서는 이런 현상을 '바람직한 어려움(desirable difficulties)'이라고 부른다. 처음 들었을 땐 다소 역설처럼 느껴졌지만, 들여다볼수록 고개가 끄덕여졌다. 학습자는 어떤 정보를 너무 쉽게 꺼내게 되면, 그 정보는 오히려 빨리 사라질 가능성이 크다. 반면, 약간의 망설임이나 혼동을 거쳐 어렵게 떠올린 정보는 더 오래 머리에 남고, 더 깊이 이해된다는 것이다.

마치 돌부리에 걸려 잠시 멈췄던 길이 더 선명하게 기억되는 것처럼, 단어 하나를 꺼내기 위해 머뭇거리는 그 과정 자체가 뇌에 더 강한 흔적을 남긴다. 어떤 언어로 말해야 할지 고민하는 순간, 비슷한 표현 사이에서 헷갈리는 그 갈피들, 때로는 입 밖으로 나오지 않아 답답했던 그 시간조차도, 결국에는 기억을 더 튼튼하게 고정시키는 재학습의 계기가 된다.

이제는 그 잠깐의 혼란이 불안보다는 반가움으로 다가온다. '아, 지금 내가 조금 더 배우고 있구나', '내 기억이 단순히 저장된 것이 아니라, 연결되고 확장되고 있구나'라는 신호처럼 느껴진다. 언어가 머릿속에서 부딪히고 섞이고 때로는 겹치기도 하는 그 순간들 덕분에, 나는 단어 하나를 넘어서 생각하는 방식 자체가 조금씩 달라지고 있다는 사실을 느끼게 되었다. 외국어들은 서로를 밀어내는 것처럼 보이지만, 실은 서로 기대며 뇌 속에서 새로운 길을 내는 중일지도 모른다.

영어, 일본어, 스페인어를 익힌
알뜰한 방법

제7부

# 인공지능 시대의 외국어 학습

## 1 1만 시간을 완성하는 외국어 전담 코치

어린 시절 해리포터 원서를 사 본 경험이 있는가? 나와 비슷한 시기의 유년 시절을 보낸 독자라면 책장 한구석에 두툼한 해리포터 원서 한 권쯤은 꽂혀 있을 것이다.

질문을 바꿔보자. 그 책을 처음부터 끝까지 읽은 적이 있는가? 대부분은 아마 난감한 미소를 지을 것이다. 왜 우리는 해리포터 원서를 읽다 포기했을까? 나는 그 과정을 또렷이 기억한다.

1. 기대감에 취해 열심히 책장을 넘긴다.
2. 모르는 단어가 나오면 형광펜으로 밑줄을 긋는다.
3. 사전을 열심히 찾아 뜻을 확인한다.
4. 뜻을 적용해도 문장의 전체 의미는 여전히 모호하다.

이 과정이 반복되면서 속도는 느려지고, 결국 해리포터

가 호그와트에 입학하는 것을 보지 못한 채 책은 나에게서 점점 멀어진다.

중 · 고등학교, 대학교에 이르기까지 해리포터 시리즈의 새로운 영화가 개봉할 때마다 나는 또다시 영어 원서를 샀다. '이번에는 다를지도 모른다'라는 기대감으로 책장을 넘겼지만, 결과는 늘 같았다. 단어는 여전히 어렵고 열심히 단어를 찾아도, 도통 해석되지 않는 문장들이 있다. 가장 좌절될 때는 문장 속 단어를 빠짐없이 다 아는데도 불구하고 해석이 되지 않을 때였다. 여전히 멀게 느껴졌다. 무엇보다도 막혔을 때 물어볼 사람도, 도움을 받을 방법도 없다는 것이 가장 힘들었다. 답답함이 쌓이고, 그 막막함은 어느새 영어 원서를 펼치는 것 자체를 두렵게 만들었다. 그 시절 나는 늘 혼자였고, 혼자였기에 자주 너무 답답해서 내가 아는 외국인이 있었으면 좋겠다고 생각했다.

하지만 지금은 완전히 다르다. 내 곁에는 24시간 대기하는 외국어 개인 트레이너가 있다. ChatGPT를 비롯한 생성형 인공지능이 나의 학습 계획을 함께 세우고, 부족한 부분을 집중적으로 단련시켜 주는 든든한 파트너가 되어 주고 있다. 이해하지 못한 문장을 입력하면 단어 하나하나의 뜻은 물론, 그 문장이 어떤 문법 구조로 이루어져 있는지까지 세세히 짚어준다. 조금 더 요청하면 그 표현이 실제 대화나 글에서 어떤 맥락으로 쓰이는지도 예문과 함께 알려준다.

예전 같았으면 단어는 사전을 뒤져 찾고, 문법은 인터넷을 헤매며, 표현의 뉘앙스는 막연한 감에 의존해야 했다. 하지만 이제는 '한 번의 질문'으로 모든 과정을 단번에 해결할 수 있다. 유료 서비스로 업그레이드하면 응답 속도와 정밀도가 한층 향상되어, 학원 강사나 회화 파트너에게 받던 맞춤형 피드백에 버금가는 경험을 집에서도 누릴 수 있다. 학원비, 화상 회화 수업료, 각종 교재 구입비를 합치면 매달 수십만 원이 훌쩍 넘지만, ChatGPT 유료 구독료는 그에 비하면 훨씬 저렴하다. 커피 몇 잔 값으로, 24시간 나만을 위해 훈련 계획을 짜주고 피드백을 주는 개인 트레이너를 곁에 두는 셈이다.

유료 결제가 어렵더라도 대안은 있다. 예를 들어, 크롬 브라우저의 주소창에 궁금한 문장을 입력하면 연결된 인공지능 Gemini가 무료로 실시간 해석과 설명을 제공한다. 덕분에 외국어 학습 환경은 과거와는 비교조차 할 수 없을 만큼 진화했다.

이러한 환경은 『1만 시간의 법칙』에서 말하는 '신중한 훈련(deliberate practice)'의 세 가지 조건을 거의 완벽하게 충족한다.

**첫째, 최적의 학습 방법을 즉시 제시**한다. 예를 들어, 내가 영어 문장에서 시제를 잘못 사용하면, 단순히 "틀렸다"라고 끝나는 것이 아니라 "여기서는 과거완료 시제를 써야 하는 이유는…" 하고 바로 설명해 준다. 지금 무엇을 잘못했는지, 어떤 순서로 접근해야 하는지를 구체적으로 알 수 있다.

**둘째, 맞춤형 개인 지도**를 통해 약점을 집중적으로 훈련한다. 단어를 많이 알지만 회화가 어색하다면, AI는 나의 문장 패턴을 분석해 반복적으로 드러나는 문제점을 짚어내고, 관련 예문과 실제 대화 상황을 통해 대체 표현을 제공한다. 단순한 반복이 아니라, 나의 취약점을 겨냥한 맞춤형 개인 지도가 이뤄지는 것이다.

**셋째, 즉각적인 피드백과 무한 반복**이 가능하다. 틀린 문장을 쓰면 곧바로 교정해 주고, "이 표현은 더 자연스럽게 이렇게 바꿀 수 있어요"라며 대안을 제시한다. 이어서 변형된 예문을 보여주고 다시 연습하게 하면서, 같은 실수를 점점 줄여 나가도록 돕는다. 실수를 해도 부끄러울 일이 없고, 같은 질문을 수십 번 반복해도 눈치 볼 필요가 없다. 예전 같았으면 주저했을 실험적인 문장도 과감히 시도할 수 있고, 그때마다 즉시 피드백을 받아 개선할 수 있다.

이 '신중한 훈련'은 집 안에서, 출퇴근길 지하철에서, 심지어 잠들기 전 침대 위에서도 가능하다. 과거에는 이런 환경을 위해 고액의 과외나 해외 어학연수, 화상 회화 수업을 찾아야 했고, 이는 일부 사람들만이 누릴 수 있는 특권이었다. 그러나 지금은 누구나 손안의 기기만으로 그 환경을 가질 수 있다.

인공지능은 외국어 학습의 판을 근본적으로 바꾸고 있다. 과거에는 한정된 시간과 비용, 그리고 주변 환경이 학습의 한계를 규정했다면, 이제는 누구나 원하는 순간에 개인 코치를 곁에 둘 수 있다. 중요한 것은 꾸준히, 그리고 두려움 없이 시도하는 자세다. 기술은 끊임없이 발전하겠지만, 그 혜택을 자신의 성장으로 연결하는 일은 결국 학습자의 몫이다. 인공지능이라는 든든한 동반자를 곁에 두고 매일 조금씩 나아간다면, 1만 시간의 고지가 더 이상 멀고 막막한 길이 아니라, 한 걸음 한 걸음 현실이 되는 과정임을 깨닫게 될 것이다.

## 2 의심을 확신으로 바꾸는 외국어 학습 기술

앞서 외국어 학습에서 가장 교묘하게 학습 의욕을 무너뜨리는 적 중 하나로 '의심암귀'를 뽑았다. 새로운 단어를 접했을 때, 머릿속에 떠오르는 생각들. "이걸 정말 외워야 하나?", "실제로 사람들이 이 단어를 쓰긴 할까?" 하는 질문은, 작은 파문처럼 시작해 학습의 전반을 흔들 수 있다. 이 의심은 단어장을 덮게 만들고, 때로는 공부 자체를 멈추게 하는 결정적인 요인이 된다.

예를 들어 bureaucracy라는 단어를 생각해 보자. 길고 발음도 낯설며, 의미 역시 당장 피부로 와닿지 않는다. 예전 같으면 우리는 그저 사전에서 뜻을 찾아보고, 예문 몇 개를 훑어본 뒤 책장을 덮었을 것이다. 그러나 이 과정만으로는 이 단어가 실생활에서 얼마나 자주, 어떤 맥락에서 쓰이는지 감을 잡기 어렵다. 그 결과 "쓸모없는 단어일지도 모른다"라는 생각이 마음 한편에 자리 잡으면, 그 단어는 기억 속에서 빠르게 사라진다.

**[이미지]** Youglish의 'bureaucracy' **검색 결과 중 일부**

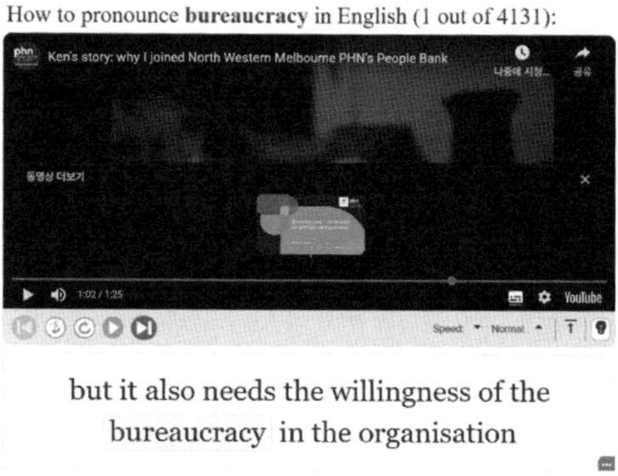


여기서 AI 도구, 특히 Youglish 같은 서비스가 의심암귀를 걷어내는 데 강력한 역할을 한다. 단어를 검색하면 해당 단어가 실제 유튜브 영상 속 자막에서 어떤 문맥으로 등장하는지, 원어민이 어떤 억양과 발음으로 말하는지를 바로 확인할 수 있다. 단순한 정의가 아니라, 살아 숨쉬는 사용 사례를 직접 보는 것이다. 영상의 수, 등장 빈도, 주제 범위까지 함께 확인하면, 이 단어가 '내 어휘 목록에 올릴 만큼 가치 있는지'에 대한 객관적인 감을 얻을 수 있다.

imbibe 같은 낯선 단어도 마찬가지다. 사전에서 "마시다, 흡수하다"라는 뜻을 보면, "drink라는 쉬운 단어도 있는데 굳이 외워야 할까?"라는 의문이 든다. 하지만 Youglish로 검색해 보면 TED 강연, 뉴스, 다큐멘터리 등 다양한 장르에서 원어민이 이 단어를 쓰는 장면을 직접 볼 수 있다. 만약 사용 빈도가 높고, 특정한 문맥에서만 쓰이더라도 그 표현이 고유한 뉘앙스를 갖고 있다면, 학습자는 확신을 가지고 외울 수 있다. 반대로 거의 쓰이지 않는다면, 비슷한 의미의 더 자주 쓰이는 단어를 우선 학습하는 전략을 세울 수 있다. 이렇게 '쓸까 말까'의 불확실성을 없애주는 순간, 학습자는 선택과 집중을 할 수 있게 되고, 단어 학습의 효율이 눈에 띄게 올라간다.

번역기의 발전 역시 이 의심을 줄이는 데 큰 역할을 한다. 구글 번역기나 파파고는 이제 단어 뜻만 보여주는 단계를 넘어, 문장을 입력하면 원어민 수준의 음성으로 읽어주는 기능을 제공한다. 이 기능은 억양, 리듬, 강세 같은 발화의 생생한 요소를 학습자가 직접 체득할 수 있게 해준다. 예를 들어 한글 문장을 입력해 해당 외국어 발음을 들어보면, 예상보다 훨씬 자연스럽고 명확해 깜짝 놀라는 경우가 많다. 단어 사이의 연음, 문장 끝의 높낮이, 문장 전체의 흐름까지 구현해 주기 때문이다. 이는 단순히 소리를 듣는 것이 아니라, 실제 대화에서 통하는 발화를 바로 경험하는 것이다.

이전에는 교과서에 딸린 CD나 녹음 파일을 반복 재생하며, 정해진 몇 문장만 외우는 것이 전부였다. 그마저도 속도 조절이나 특정 부분 반복은 제한적이었다. 하지만 이제는 원하는 문장을 직접 입력하고, 즉시 원어민 억양으로 들을 수 있다. 심지어 AI는 같은 문장을 다양한 억양이나 속도로 발음해 주기도 하며, 학습자의 발음을 비교 · 교정해 줄 수도 있다. 학습자는 더 이상 수동적으로 자료를 받아 듣는 존재가 아니라, 필요에 따라 자료를 요청하고 만들어내는 주체로 변모한 것이다.

결국 인공지능은 단어 하나를 외울지 말지 망설이던 우리의 마음속 저울을 확실하게 기울게 만든다. '의심암귀'로 불안하게 출발했던 단어가, AI 도구의 도움을 받아 확신과 친숙함으로 변모하는 순간, 그 학습은 단순한 암기를 넘어 '자신만의 언어'로 자리 잡는다. 이렇게 쌓인 작은 확신들이 모여, 장기적인 외국어 학습 여정을 끝까지 이어가게 하는 가장 강력한 동력이 된다.

## 3 보는 즐거움에서 배우는 즐거움으로

예전에 외국어를 공부할 때 가장 답답했던 순간 중 하나는 대화와 대화 사이의 긴 공백이었다. 영상을 보다가 인물들의 대사가 끝나고 묘사 장면이 길게 이어지면, 대화가 나오는 부분으로 영상을 앞으로 넘기곤 했다. 하지만 원하는 대화 장면을 정확히 찾아가기란 쉽지 않았고 학습 흐름은 자주 끊어졌다.

Language Reactor를 사용하면서 이런 불편함은 크게 줄어들었다. 이 크롬 확장앱은 유튜브와 넷플릭스에서 쓸 수 있는데, 단축키만 눌러도 앞 · 뒤 대사로 정확히 이동할 수 있다. A키를 누르면 이전 자막, S키는 같은 대사 반복, D키는 다음 자막으로 넘어간다. 예전에는 불가능했던 '대사 단위 반복'이 가능해진 덕분에, 듣기 연습이 끊기지 않고 대화의 리듬에 몰입할 수 있었다.

또한 영상 속도도 자유롭게 조절할 수 있어 학습 수준에 맞게 난이도를 조정할 수 있다. 빠른 대사가 부담스러우면 속도를 늦추어 듣고, 익숙해지면 속도를 높여 훈련 강도를 올릴 수 있다. 무엇보다 인상적인 점은 자막 제어 기능이다. 원어민 언어 자막과 번역 자막을 동시에 띄울 수 있을 뿐 아니라, 원하면 자막을 모자이크로 가려두고 듣기 연습을 할 수 있다. 필요할 때는 단축키 E를 눌러 모자이크를 해제하면 된다. 덕분에 '자막에 의존하지 않고 듣기'와 '번역과 함께 확인하기'를 자유롭게 오가며 학습할 수 있다.

게다가 자막 속 모르는 단어를 마우스로 클릭하기만 하면 곧바로 뜻을 번역해 보여준다. 예전 같았으면 사전 앱을 따로 켜야 했지만, 이제는 영상의 흐름을 끊지 않고 단어를 바로 이해할 수 있다.

또한 번역 자막은 한국어뿐 아니라 영어, 일본어, 스페인어 등으로도 바꿀 수 있어 여러 언어를 함께 배우는 학습자에게도 유용하다. 물론 한계도 있다. 영상 제작자가 자막을 제공하지 않았다면 '자동 번역'을 써야 하는데, 이 경우 번역이 매끄럽지 않아 초급자에게는 오히려 혼란을 줄 수 있다.

[이미지] Language Reactor로 유튜브를 보는 모습 중 일부

Language Reactor는 크롬 확장 프로그램을 설치하기만 하면 바로 사용할 수 있다. 과거에는 번거롭게 앞뒤로 돌리던 영상이 지금은 버튼 하나로 원하는 장면을 정확히 짚어주고, 단어 하나하나를 손쉽게 찾을 수 있다. 이런 경험을 통해 나는 다시 확신하게 되었다. 언어 학습은 더 이상 고립된 개인의 싸움이 아니라, 인공지능과 함께 만들어가는 열린 여정이라는 사실을.

꼭 이 인공지능을 쓰라는 이야기는 아니다. 중요한 건 방향성이다. Language Reactor와 같은 도구는 앞으로 더 다양하고 정교하게 발전할 것이며, 우리 곁에서 외국어

학습을 돕는 든든한 조력자가 될 것이다. 그러니 두려워할 필요는 없다. 새로운 기술을 거부하기보다 작은 호기심으로 시도해 보는 것만으로도 학습의 장벽은 낮아진다. 인공지능은 우리의 노력을 대신해 주는 존재가 아니라, 그 노력을 더 오래, 더 즐겁게 이어가도록 돕는 동반자이기 때문이다.

## 4 언제든 대화가 가능한 다국어 친구

외국어를 배울 때 답답한 순간 중 하나는 외국어로 말하고 싶은데 말을 꺼낼 상대가 없을 때다. 배운 표현을 누군가에게 써보고 싶은데, 주변에 같은 언어를 공부하는 친구도 없고, 원어민을 만나기 위해 시간과 돈을 들여야 하는 상황이라면 말하기 연습은 금세 멈춰버린다. "다음에 기회가 생기면 해야지"라는 생각이 쌓이다 보면, 그다음은 끝내 오지 않기도 한다.

그런데 이제는 그런 걱정을 내려놓아도 된다. 내 손 안에, 언제든, 어떤 언어로든 이야기를 나눌 수 있는 친구가 생겼으니까. 그 친구의 이름은 바로 ChatGPT다. 이 친구는 시차도 없고, 피곤하다는 핑계도 없다. 새벽 2시, 불현듯 머릿속에 떠오른 문장을 확인하고 싶을 때도, 출근길

지하철 안에서 짧게 회화 연습을 하고 싶을 때도, 해외여행 중에 길을 묻는 표현을 익히고 싶을 때도, 단 몇 초면 연결된다. 그 어떤 약속이나 시간표도 필요 없다. 그저 내가 원할 때, 내가 배우고 싶은 언어로 말을 건네면 된다.

ChatGPT의 장점 중 하나는 나에게 꼭 맞는 난이도 조절이다. 내가 초보라면 짧고 쉬운 문장으로, 어느 정도 익숙하다면 조금 더 길고 복잡한 문장으로 설명을 바꿔준다. 이해가 잘 안되는 부분은 다시 풀어서 알려주고, 때로는 다른 예시까지 제시한다. 외국어 학습에서 중요한 '이해가 가능한 입력'이 자연스럽게 이루어지는 것이다. 덕분에 너무 어렵거나 너무 쉬운 상태에서 오는 지루함과 좌절을 피할 수 있다.

게다가 ChatGPT는 상황을 살아 있는 대화로 만들어준다. 단순히 "이 문장의 뜻은 이렇다"로 끝나는 것이 아니라, 실제 카페, 공항, 호텔, 시장 같은 장면을 설정하고 그 안에서 대화를 이어간다. 예를 들어 "스페인 바르셀로나의 작은 카페에서 커피를 주문하는 상황"을 만들어 달라고 하면, 마치 진짜 점원과 마주 앉아 주문하는 듯한 경험을 할 수 있다. 심지어 내가 원하는 만큼 상황을 변형할 수도 있다. '이번에는 손님이 화가 난 상황으로 해달라'라거나, '점원이 실수한 경우로 해달라'라고 요청하면 그에 맞는 대화가 즉시 생성된다.

피드백의 누적과 개인화도 빼놓을 수 없는 매력이다. ChatGPT는 내가 어떤 표현을 자주 쓰는지, 어떤 문법에서 자주 실수하는지 기억해 둔다. 시간이 지날수록 내 학습 습관을 반영해 점점 더 나에게 맞는 대화를 건넨다. 마치 오랜 시간을 함께한 친구가 나의 말투와 생각을 이해하듯, AI도 나만의 패턴을 익힌다. 덕분에 대화를 거듭할수록 나에게 꼭 맞춘 학습 환경이 완성된다.

그리고 무엇보다도 놀라운 점은 언어 간 전환의 유연함이다. 영어로 설명을 듣다가 이해가 어렵다면, 일본어나 스페인어, 혹은 내가 배우고 있는 다른 언어로 물어볼 수 있다. 그리고 다시 영어로 대화를 이어간다. 이렇게 의미 중심의 의사소통을 유지하면서 언어를 전환하는 것은 앞서 말한 '코드 스위칭 전략'을 활용하는 것이다. 모르는 내용을 이해할 수 있는 언어로 먼저 받아들이고, 다시 목표 언어로 옮기는 과정을 거치면서 학습은 훨씬 더 깊어진다.

또 하나 빼놓을 수 없는 장점은 무한한 인내심과 대화

의 유연성이다. 같은 질문을 열 번 해도, 같은 발음을 반복해 달라고 해도, ChatGPT는 지루해하거나 불편해하지 않는다. 게다가 사람과 대화할 때처럼 상대방의 말을 도중에 끊을 수도 있다. 긴 설명 중 "잠깐만, 그 부분 다시 말해 줄래?"라고 하거나, "그 단어 뜻 먼저 알려줘"라고 중간에 질문할 수 있다. 여기에 더해, "천천히 말해 줄래?"라고 요청하면 실제로 속도를 조절해 준다. 또, 대화 음성을 남자 · 여자 목소리뿐 아니라 각 성별 안에서도 구체적인 톤과 억양까지 설정할 수 있어, 마치 여러 사람과 차례로 대화하는 듯한 경험을 할 수 있다. 단조로운 한 사람의 목소리가 아니라, 다양한 화자의 말투를 접하면서 듣기 감각과 발음 적응력이 함께 향상된다.

발음을 배울 때도 원하는 문장을 입력해 원어민 수준의 억양과 리듬, 강세를 바로 들을 수 있다는 점은 학습 속도를 눈에 띄게 높여준다. 예전에는 교과서에 딸린 CD를 여러 번 돌려 듣는 것이 전부였다면, 이제는 내가 원하는 문장을 즉시 만들고, 그 자리에서 정확한 발음을 들으며 바로 따라 할 수 있다.

이 모든 것이 비용 면에서도 압도적인 효율성을 가진다. 예전에는 이런 훈련을 위해 원어민 과외, 해외 어학연

수, 화상 회화 등 큰 비용과 시간을 투자해야 했다. 하지만 이제는 커피 몇 잔 값으로, 24시간 나만을 위해 기다려주는 대화 친구를 곁에 둘 수 있다. 이 친구는 실수를 비웃지 않고, 내 속도를 존중하며, 매번 새로운 대화 주제를 준비해 놓는다. 게다가 여러 언어를 동시에 배우는 학습자라면, 하루에도 수차례 언어를 바꿔가며 대화할 수 있어, 마치 하루 종일 세계 여행을 하는 기분을 느낄 수 있다.

결국 ChatGPT는 단순한 인공지능이 아니라, 언제든 모든 언어로 이야기할 수 있는 평생의 대화 친구다. 이 친구와 나누는 대화 속에서 우리는 단어와 문장을 넘어서, 언어의 감각과 자신감을 얻게 된다. 그리고 그 과정에서, 언어의 벽이 서서히 허물어지고, 그 너머의 세계가 조금 더 가까워진다.

## 맺음말

언어를 배우는 길은 직선이 아니다. 때로는 속도가 붙는 듯하다가도 갑자기 멈춘 것처럼 느껴지고, 잘 알던 표현조차 잊어버려 당황할 때도 있다. 그러나 그 멈춤은 실패가 아니라, 다음 도약을 위한 숨 고르기일 뿐이다.

나는 30대가 넘어서야 외국어 학습을 본격적으로 시작했다. 처음엔 늦게 시작했다는 부담이 컸지만, 돌아보면 그 늦음이 오히려 나를 단단하게 만들었다. 매일 조금씩, 더디더라도 포기하지 않고 걸어온 시간이 쌓여 지금의 나를 만들었다. 언어는 결국 꾸준함과 반복 앞에서 길을 내어준다.

혹시 이 책을 덮는 지금, 당신도 외국어 학습을 시작하고 싶다는 마음이 든다면 완벽한 순간을 기다리지 않기를 바란다. 완벽한 교재, 완벽한 시간, 완벽한 환경은 오지 않는다. 지금 있는 자리에서, 지금 가진 것으로 한 걸음을 내디디면 충분하다.

우리는 이미 한 언어를 완벽히 배운 경험자다. 그 경험이 증명하듯, 누구나 또 다른 언어를 배울 수 있다. 언어는 세상을 넓히는 가장 알뜰하고 강력한 도구다. 그리고 그 세상은 지금도 당신을 기다리고 있다.

나 역시 앞으로도 계속 언어 공부를 이어갈 것이다. 아직 배우고 싶은 언어가 많고, 그 안에서 만날 새로운 사람들과 세계가 기다리고 있다. 이 길은 끝이 없는 여정이지만, 그래서 더욱 가치 있다.

당신도, 나도 각자의 자리에서 한 걸음씩 내디디자. 그렇게 걷다 보면 우리는 결국 만나게 될 것이고, 그 만남은 더 넓은 세상으로 우리를 이끌 것이다. 함께 걸어가자, 끝까지.

## 정인재

1992년생. 해외 유학 경험도, 외국어 고등학교를 다닌 적 없었다. 초등학교 5학년 때의 싱가포르 가족여행이 유일한 해외 경험이었고, 평범한 인문계 고등학교를 졸업한 그는 30대 초반까지만 해도 외국어와 거리가 먼 삶을 살아왔다. 그런 그가 31세가 되던 해, 학교 현장에서 국제교류를 시작하며 '언어는 선택이 아니라 연결의 도구'라는 사실을 뒤늦게 절감한다. 늦었다며 만류하는 주변의 걱정 속에서도 그는 "지금이 가장 빠르다"는 신념 하나로 다시 책을 집어 들었다.

학원 하나 다니지 않은 채, 순수 독학으로 일본어를 시작한 지 6개월 만에 JLPT 3급을 취득했다. 여기서 멈추지 않았다. 아내와의 스페인 여행을 앞두고 일본어 · 스페인어 · 영어라는 세 언어를 동시에 공부하기 시작했고, 결국 JLPT 1급과 스페인어 DELE B1을 1주일 간격으로 치러 모두 합격하는 기적 같은 결과를 만들어냈다. 이후에도 꾸준히 스페인어 실력을 다져 DELE B1 취득 후 1년만에 SNULT 71점이라는 성취를 기록했다.

교육 현장에서 국제교류 수업을 운영하며, 그는 "성인이 된 후 시작한 외국어도 충분히 자신의 세계를 넓힐 수 있다"는 사실을 몸소 증명하고 있다. 유학 한 번 가지 않고, 오롯이 한국에서 독학으로 여러 언어를 동시에 익힌 경험을 바탕으로, 늦게 시작한 어른 학습자들에게 가장 필요했던 '현실적인 용기'를 건네고자 한다. 지금도 새로운 언어를 탐구하며 "도전은 끝이 아니라 시작"이라고 말하는 그는, 다양한 문화와 사람을 잇는 교육자로서 여전히 성장 중이다.

### 학력

서울교육대학교대학원 컴퓨터교육과 졸업

### 수상

2019 KERIS SW교육 유튜브 영상 공모전 대상

2019 서울북부교육지원청 북부꿈실필통 유튜브 동영상 공모전 대상

2019, 2021 서울북부교육지원청 청렴 콘텐츠 공모전 장려상

2020 서울시교육청 학교예술교육 동영상 공모전 금상

2021 용산도서관창작시 공모전 우수상

2021 교육 공공데이터 활용대회 입상

2021 소프트웨어교육 유공교원 교육부 장관 표창

2023 전국학생통계활용대회 지도교사 동상

2024 서울시북부교육지원청 생태 합창 축제 학생 지도 교육장 표창

### 경력

빅데이터분석기사 자격증 취득

JLPT N1 취득

DELE B1 취득

SNULT 71점

Teps 365점

2017~2021 서울창림초등학교 교사

2023 ㈜팀모노리스 파트타임 프로그래머

2022~현재 서울창림초등학교 교사

2023~현재 ㈜KT AICE 문항검수 및 교육자문위원

2024~현재 AIEDAP 마스터교원

2024~현재 교실혁명선도교사

2024~현재 APEC국제교육협력원 ALCoB 교사

**주머니 얇은**
# 직장인의 다국어 학습법

초판인쇄 2025년 12월 5일
초판발행 2025년 12월 5일

지 은 이 정인재
펴 낸 이 채종준
펴 낸 곳 한국학술정보(주)
주 소 경기도 파주시 회동길 230(문발동)
전 화 031-908-3181(대표)
팩 스 031-908-3189
투고문의 ksibook1@kstudy.com
등 록 제일산-115호(2000. 6. 19)

ISBN 979-11-7457-333-9 13700


책에 대한 더 나은 생각, 끊임없는 고민, 독자를 생각하는 마음으로 보다 좋은 책을 만들어갑니다.